Elemente der Politik

Reihe herausgegeben von
Hartmut Aden
Hochschule für Wirtschaft und Recht Berlin
Berlin, Deutschland

Sonja Blum
FernUniversität in Hagen
Hagen, Deutschland

Hendrik Hegemann
Institut für Friedensforschung und
Sicherheitspolitik an der Universität Hamburg
Hamburg, Deutschland

Andrea Schneiker
Zeppelin Universität
Friedrichshafen, Deutschland

Sven T. Siefken
Martin-Luther-Universität Halle-Wittenberg
Halle (Saale), Deutschland

Die ELEMENTE DER POLITIK sind eine politikwissenschaftliche Lehrbuchreihe. Ausgewiesene Experten und Expertinnen informieren über wichtige Themen und Grundbegriffe der Politikwissenschaft und stellen sie auf knappem Raum fundiert und verständlich dar. Die einzelnen Titel der ELEMENTE dienen somit Studierenden und Lehrenden der Politikwissenschaft und benachbarter Fächer als Einführung und erste Orientierung zum Gebrauch in Seminaren und Vorlesungen, bieten aber auch politisch Interessierten einen soliden Überblick zum Thema.

Die Reihe wurde zuvor herausgegeben von Hans-Georg Ehrhart, Bernhard Frevel, Klaus Schubert, Suzanne S. Schüttemeyer.

Marcel Lewandowsky

Populismus

Eine Einführung

Marcel Lewandowsky
Institut für Politik- und
Kommunikationswissenschaft
Universität Greifswald
Greifswald, Deutschland

ISSN 2627-2903 ISSN 2627-2911 (electronic)
Elemente der Politik
ISBN 978-3-658-36465-6 ISBN 978-3-658-36466-3 (eBook)
https://doi.org/10.1007/978-3-658-36466-3

Die Deutsche Nationalbibliothek verzeichnet diese Publikation in der Deutschen Nationalbibliografie; detaillierte bibliografische Daten sind im Internet über http://dnb.d-nb.de abrufbar.

© Der/die Herausgeber bzw. der/die Autor(en), exklusiv lizenziert an Springer Fachmedien Wiesbaden GmbH, ein Teil von Springer Nature 2022
Das Werk einschließlich aller seiner Teile ist urheberrechtlich geschützt. Jede Verwertung, die nicht ausdrücklich vom Urheberrechtsgesetz zugelassen ist, bedarf der vorherigen Zustimmung des Verlags. Das gilt insbesondere für Vervielfältigungen, Bearbeitungen, Übersetzungen, Mikroverfilmungen und die Einspeicherung und Verarbeitung in elektronischen Systemen.
Die Wiedergabe von allgemein beschreibenden Bezeichnungen, Marken, Unternehmensnamen etc. in diesem Werk bedeutet nicht, dass diese frei durch jedermann benutzt werden dürfen. Die Berechtigung zur Benutzung unterliegt, auch ohne gesonderten Hinweis hierzu, den Regeln des Markenrechts. Die Rechte des jeweiligen Zeicheninhabers sind zu beachten.
Der Verlag, die Autoren und die Herausgeber gehen davon aus, dass die Angaben und Informationen in diesem Werk zum Zeitpunkt der Veröffentlichung vollständig und korrekt sind. Weder der Verlag, noch die Autoren oder die Herausgeber übernehmen, ausdrücklich oder implizit, Gewähr für den Inhalt des Werkes, etwaige Fehler oder Äußerungen. Der Verlag bleibt im Hinblick auf geografische Zuordnungen und Gebietsbezeichnungen in veröffentlichten Karten und Institutionsadressen neutral.

Planung/Lektorat: Jan Treibel
Springer VS ist ein Imprint der eingetragenen Gesellschaft Springer Fachmedien Wiesbaden GmbH und ist ein Teil von Springer Nature.
Die Anschrift der Gesellschaft ist: Abraham-Lincoln-Str. 46, 65189 Wiesbaden, Germany

Inhaltsverzeichnis

1 Einleitung — 1

2 Was ist Populismus? — 9

3 Populismus, Demokratie und Krise — 37

4 Populismus und politische Ideologien — 65

5 Populismus und Parteiorganisation — 91

6 Ursachen und Wähler*innenschaft — 103

7 Auswirkungen und Gegenstrategien — 127

8 Zusammenfassung und Ausblick — 155

Kommentierte Literatur, Internetadressen
und Datensätze   161

Literatur   169

1

Einleitung

Populismus prägt die Demokratien unserer Zeit. Längst ist er nicht mehr nur ein „Gespenst", das in Europa umhergeht (Ionescu und Gellner 1969). Parteien wie der französische Rassemblement National (vormals: Front National), die Schweizerische Volkspartei oder die Freiheitliche Partei Österreichs (FPÖ) haben sich über Jahrzehnte in den Parteiensystemen ihrer Länder etabliert, waren oder sind an Regierungen beteiligt und haben politische Entscheidungen und Diskurs nachhaltig beeinflusst.

Jenseits der Wissenschaft begegnet man dem Populismus nicht zuletzt als Kampfbegriff in der politischen Auseinandersetzung. Wenn Politiker*innen vermeintlich opportunistisch agieren, wird ihnen gern „Populismus" vorgeworfen. Bringen sie Vorschläge ein, die als utopisch, nicht finanzierbar, mithin „unseriös" gelten, werden diese Überlegungen oft als „populistisch" gebrandmarkt. Bedienen sie sich polarisierender Rhetorik, die sich gegen innere oder äußere Feind*innen richtet, heißt es ebenfalls häufig, sie seien „Populist*innen". Regierungschefs wie der ungarische Premierminister Viktor Orbán oder der ehemalige US-Präsident Donald Trump gelten als typische Populisten. Intuitiv mögen viele, die dieses Buch lesen, zustimmen. Wenn dem so ist, dann stellt sich die Frage nach dem Warum: Liegt es am rüpelhaften Auftreten, an den auf Freund-Feind-Schemata basierenden politischen Kampagnen oder an der politischen Ideologie, die diese Akteur*innen vertreten?

Der Begriff des Populismus ist nicht unumstritten – weder in der politischen Öffentlichkeit noch in der Wissenschaft selbst. Einige Autor*innen wenden ein, dass er den Kern der entsprechenden Parteien und Bewegungen nicht ausreichend abbildet und begegnen ihm mit einiger Skepsis (siehe hierzu Brubaker 2017: 358–359). Hinzu tritt die ideologische Varianz: Populismus gibt es nicht nur auf der rechten Seite des politischen Spektrums, sondern auch auf der linken. Hierzu wird die griechische SYRIZA, aber auch, wenngleich mit Blick auf den Populismus oft umstritten, die deutsche Partei Die Linke gezählt. Andere Parteien, wie etwa die tschechische ANO 2011 oder die italienische Fünf-Sterne-Bewegung (M5S) nehmen eine ideologische Mittelposition ein oder lassen sich nur schwer zuordnen.

Wie auch immer der Begriff des Populismus definiert wird: Es steht außer Frage, dass Parteien, die in der Forschung darunter subsumiert werden, seit vielen Jahren und in zahlreichen Ländern erfolgreich sind. Mancherorts, wie in Österreich, Polen und Finnland, waren oder sind sie gar an der Regierung beteiligt. Ebenso populär wie die Verwendung des Begriffs selbst ist daher die Spekulation über die Ursachen für seinen Erfolg. Hartnäckig hält sich etwa die Auffassung, dass die Wahl populistischer Parteien vor allem Ausdruck von Protest sei. Demnach gehe es darum, „denen da oben" einen Denkzettel zu verpassen. Andere meinen wiederum, dass die Unterstützung für Populist*innen substanzieller Natur ist. Demnach ist ihr Erfolg kein diffuser Ausdruck von Unzufriedenheit, sondern tatsächlich eine bewusste Unterstützung ihres Programms. Daran schließt sich die Frage an, wer Populist*innen wählt. Oft hört man, dass populistische Parteien vor allem von „Modernisierungsverlierer*innen" unterstützt werden – also von Arbeitslosen oder Menschen, die von sozialer Ausgrenzung und Armut bedroht sind. Andere wissenschaftliche Studien (bspw. Rooduijn 2018) kommen mit Blick auf die Sozialstruktur zu differenzierteren Befunden.

Erst recht kompliziert wird es, wenn man all diese Fragen im Ländervergleich betrachtet: Populismus sieht nicht überall gleich aus und findet nicht in jedem Land die gleichen Erfolgsbedingungen vor. Es gibt wesentliche Gemeinsamkeiten, aber auch signifikante Unterschiede, selbst dort, wo man eher Übereinstimmung erwarten würde. Die – begrenzte – ideologische Varianz im rechtspopulistischen Spektrum etwa bezieht sich zum einen auf die Wirtschaftspolitik (Franzmann und Lewandowsky 2020). Manche Rechtspopulist*innen befürworten starke sozialstaatliche Maßnahmen (etwa die FPÖ), andere treten insgesamt eher wirtschaftsliberal auf (wie die Schweizerische Volkspartei, SVP). Zum anderen lassen sich auch mit Blick auf die gesellschaftspolitische Ebene gewisse Abweichungen ausmachen. Manche rechtspopulistische Parteien sind durch eine feindliche Haltung gegenüber Homosexualität gekennzeichnet (bspw. der französische RN), andere, wie die niederländische Partij voor de Vrijheid(PVV) befürworten sie als Teil einer modernen Gesellschaft, wenngleich vor allem als Teil ihrer Anti-Islam-Position.

Die Literatur ist sich dieser oftmals feinen, aber für die Typisierung bedeutsamen Unterschiede bewusst. Nicht umsonst hat man den Populismus an verschiedener Stelle als „Chamäleon" bezeichnet (bspw. Hartleb 2004: 32; Priester 2012). Inzwischen liegen zahlreiche Arbeiten vor, die zeigen, dass der Populismus nicht nur theoretisch erfasst werden kann, sondern er sich als Konzept auch eignet, um die aktuellen Herausforderungen der Demokratie zu beschreiben und zu erklären (bspw. Decker 2004; Mudde 2004, 2007; Müller 2016a; Urbinati 2019).

Was aber ist Populismus? Betrachtet man den Ursprung des Wortes selbst, so handelt es sich um eine Politik, die für sich in Anspruch nimmt, „das Volk" (lat. *populus*) zu vertreten. Das scheint zunächst nichts Besonderes zu sein, denn letztlich soll ja alle Politik „vom Volk, durch das Volk und für das Volk" gemacht werden (Abraham Lincoln). „Alle Staatsgewalt geht vom Volke aus", heißt es in Artikel 20 Abs. 2 des Grundgesetzes für die Bundesrepublik Deutschland. Ist Populismus am Ende ein Allerweltswort, das gar kein spezifisches Phänomen bezeichnet, sondern die Essenz des Politischen selbst? Politik ist, mit Patzelt (2013: 23) gesprochen, „jenes menschliche Handeln, das auf die Herstellung und Durchsetzung allgemeinverbindlicher Regelungen und Entscheidungen [...] in und zwischen Gruppen von Menschen abzielt." Versteht man das „Volk" im Populismus in diesem Sinne politisch, dann ist Populismus eine Haltung, in der diese Entscheidungen nur legitim sind, wenn sie direkt und unmittelbar vom Volk selbst stammen. In den repräsentativen Demokratien unserer Zeit werden aber politische Entscheidungen – von manchen direktdemokratischen Verfahren einmal abgesehen – nicht von den Bürger*innen selbst, sondern von gewählten Vertreter*innen getroffen. Wenn wir also vermuten, dass Populismus bedeutet, die Legitimität politischer Beschlüsse infrage zu stellen, *weil* sie von diesen

Vertreter*innen getroffen werden, dann kommen wir dem Wesen des Populismus bereits sehr nahe. Denn die Verachtung „derer da oben" spielt hier für Populist*innen ebenso eine große Rolle wie der Anspruch, für das „wahre Volk" und „echte Demokratie" zu stehen.

Populismus profitiert von der Wut auf „die da oben" und von der Unzufriedenheit mit der Demokratie. Doch er erschöpft sich darin nicht. Populismus ist nicht einfach Protest, sondern hat inhaltliche – manche würden sagen: ideologische – Substanz. Diese Substanz zu ergründen, ihre Ursachen und ihre Auswirkungen auf die zeitgenössischen Demokratien zu verstehen ist Ziel des vorliegenden Buches. Kap. 2 wird das Konzept des Populismus definieren, diskutieren und von anderen, oftmals in ähnlicher Weise verwendeten Begriffen abgrenzen. Daran anschließend soll in Kap. 3 im Besonderen die Beziehung zwischen Populismus und Demokratie untersucht werden. In Kap. 4 wird das Verhältnis des Populismus zu politischen Ideologien dargelegt und Unterschiede zwischen Linkspopulismus, Rechtspopulismus und anderen Formen des Populismus herausgearbeitet, bevor in Kap. 5 im Speziellen die Spezifika populistischer Parteiorganisationen vorgestellt werden. Im Anschluss daran wird in Kap. 6 die Perspektive auf die Ursachen für den Erfolg des Populismus gelegt, wobei zwischen systematischen Kontextbedingungen, individuellen Einstellungen und politischen Gelegenheitsstrukturen unterschieden wird. Kap. 7 wird eine Analyse der Auswirkungen populistischer Parteien auf die Demokratie vornehmen und sich dabei auf Populist*innen an der Regierung sowie im Parlament konzentrieren. Darauf folgt eine Diskussion möglicher Gegenstrategien aus Sicht der Mainstream-Parteien. Das vorliegende Lehrbuch greift auf die wichtigsten Werke der theoretischen und empirischen Populismusforschung zurück und wird abschließend eine Auswahl von Arbeiten diskutieren, die sich für die vertiefende Lektüre besonders eignen.

Auch wenn es der Anspruch des Buches ist, das Phänomen Populismus in der Breite abzudecken, so kommen aufgrund der Perspektive, die hier eingenommen wird, blinde Flecken zustande, die benannt werden sollen. Der Fokus dieser Einführung liegt im Wesentlichen auf populistischen Parteien, den Ursachen für ihre Wahlerfolge und den Konsequenzen ihres Handelns in den Organen und Institutionen der Demokratie. Daher wird auch die abschließende Diskussion möglicher Gegenstrategien vor allem auf der Ebene des Parteiensystems ansetzen. Natürlich erschöpfen sich die Erscheinungsformen des Populismus darin nicht. Zu nennen sind etwa politische Bewegungen (etwa PEGIDA) oder auch Populismus in den (sozialen) Medien. Zivilgesellschaftliche Perspektiven, etwa aus Sicht der politischen Bildung, können hier nur angerissen werden. Eine weitere Einschränkung betrifft den regionalen und zeitlichen Schwerpunkt, der vor allem auf Europa liegen und die zeitgenössischen populistischen Parteien behandeln wird. Nennenswerte historische Beispiele, wie etwa die Populist Party in den USA des späten 19. Jahrhunderts, sollen jedoch im Kontext bestimmter Fragestellungen berücksichtigt werden. Ähnliches gilt für andere Fälle außerhalb Europas wie etwa den lateinamerikanischen Populismus, der in der Forschung eine bedeutende Rolle spielt.

Die Literatur zum Populismus füllt inzwischen ganze Bibliotheken, und die Etablierung sowie die anhaltenden Wahlerfolge populistischer Parteien weltweit lassen das Interesse der Forschung nicht abreißen. Es versteht sich daher von selbst, dass das vorliegende Buch das Thema nicht erschöpfend behandeln kann. Idealerweise bietet es einen ersten Zugang und vermittelt ein grundlegendes Verständnis für Gestalt, Ursachen und Auswirkungen des

Populismus, auf dessen Grundlage Interessierte weitere Recherchen anstellen können.

Kaum ein Buch kommt zustande ohne Unterstützung. Zuvorderst danken möchte ich Andrea Schneiker vom Herausgeberkreis der Reihe *Elemente der Politik* sowie Anna-Sophie Heinze, deren kritische Einwände diese Einführung bereichert und in allen Belangen verbessert haben. Dank gilt auch Dylan Smith, meinem Research Assistant an der University of Florida, der mich bei der Recherche für einige Kapitel unterstützte.

2

Was ist Populismus?

Zusammenfassung

- Populismus besteht nach einer gängigen Definition von Mudde (2004) aus zwei Dimensionen: Volkszentriertheit und Anti-Establishment-Haltung. Beide müssen erfüllt sein, damit von Populismus gesprochen werden kann.
- Verschiedene Theorien behandeln Populismus als „dünne" oder „vollwertige" Ideologie, als Diskurs sowie als Stilmittel bzw. Strategie. Diese Theorien, obwohl unterschiedlichen Schulen entstammend, ergänzen einander in der Forschungspraxis.
- Zur empirischen Messung des Populismus existiert eine Vielzahl von Ansätzen, die jeweils unterschiedliche Manifestationen messen: Populismus als Parteiideologie, Kommunikation, Diskurs oder Einstellungsmerkmal. Zur empirischen Messung des

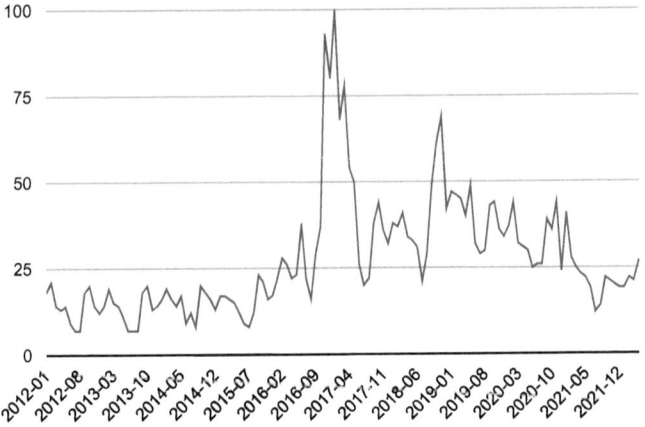

Abb. 2.1 Weltweite Google-Suche nach dem Schlagwort „populism" im zeitlichen Verlauf, 2012–2021. (Eigene Darstellung. Datengrundlage: Google Trends.[1])

Populismus existiert eine Vielzahl von Ansätzen, die jeweils unterschiedliche Manifestationen messen: Populismus als Parteiideologie, Kommunikation, Diskurs oder Einstellungsmerkmal.

Die Beschäftigung mit dem Thema Populismus ist im Kontext verschiedener politischer Ereignisse der letzten Jahre deutlich gewachsen. Insbesondere nach der Wahl Donald Trumps zum Präsidenten der Vereinigten Staaten im November 2016 ließ sich international ein drastischer Anstieg der Google-Suchen nach dem Schlagwort „populism" verzeichnen (Abb. 2.1). Auch, wenn die Häufigkeit im Nachgang zurückging, so blieb sie während

---

[1] Abgebildet sind die Werte der globalen Schlagwortsuche. Dabei wird der Wert, an dem das Schlagwort am häufigsten gesucht wurde, mit 100 indiziert und die anderen Werte an jedem Zeitpunkt zu diesem Wert ins Verhältnis gesetzt.

2 Was ist Populismus?

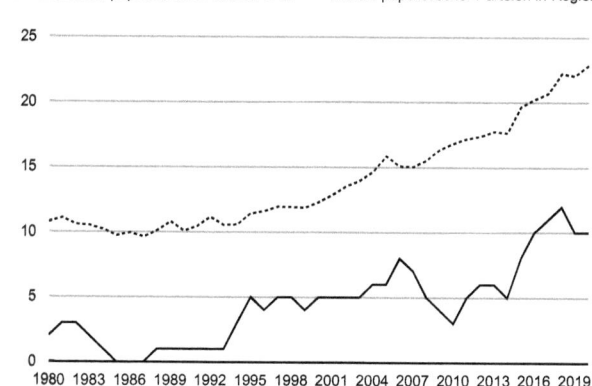

Abb. 2.2 Stimmenanteil und Regierungsbeteiligung populistischer Parteien in Europa, 1980–2019. (Eigene Darstellung. Datengrundlage: Timbro Authoritarian Populism Index.[2])

der vier Jahre seiner Präsidentschaft meist höher als im gesamten vorigen Zeitraum.

Das virulente Interesse mag auch daher rühren, dass der Wahlsieg Trumps im Ländervergleich eben kein Einzelfall ist, sondern den weltweiten Erfolgszug des Populismus versinnbildlicht (Norris und Inglehart 2019: 3–4). Seit 1980 hat sich der Stimmenanteil populistischer Parteien allein in den Ländern Europas von durchschnittlich rund zehn auf über 20 % mehr als verdoppelt (Abb. 2.2). In Polen und Ungarn, aber auch jenseits europäischer Grenzen, etwa auf den Philippinen und in Venezuela, waren oder sind populistische Parteien bzw. Staats- und Regierungschef im Amt.

---

[2] Der Index enthält alle konsolidierten Demokratien Europas. Mehr Informationen sowie der Datensatz selbst sind online verfügbar: https://populismindex.com/data/.

dem dieser reklamierte: „Wir wollen keine populistische Opposition sein, sondern eine populäre!" Oftmals wird der Vorwurf aber auch geradezu adaptiert, um politischen Gegner*innen den Wind aus den Segeln zu nehmen. So sagte ein damaliges Mitglied des Bundesvorstands der Wahlalternative Arbeit und soziale Gerechtigkeit (WASG),[5] dass „Populismus nichts Unanständiges" sei, weil es ja darum gehe, „komplizierte Sachverhalte so zu erklären, dass sie jeder versteht" (Broecker und Viering 2010). Die Vorsitzende des französischen Rassemblement National, Marine Le Pen, behauptete, dass Populismus bedeute, die Meinung der Menschen zu berücksichtigen – wenn die Menschen noch das Recht hätten, eine Meinung zu haben, sei sie selbst Populistin. Matteo Salvini, der Vorsitzende der italienischen Lega (zuvor Lega Nord), trug bei einem öffentlichen Auftritt 2018 sogar ein T-Shirt mit der Aufschrift „Ich bin Populist".[6]

Diese Beispiele zeigen auf, womit der Populismus in der politischen Debatte oft assoziiert wird: extreme Positionen, Radikalität, Anbiederung an die Wähler*innen, mangelnde Seriosität. Diese Aufzählung ließe sich beliebig fortsetzen. „Der Vorwurf, ‚populistisch' zu agieren, wird heute zumeist dann in Stellung gebracht, wenn dem politischen Gegner unterstellt wird, er polarisiere und simplifiziere bei komplexen Sachverhalten, um opportunistisch einer augenblicklich wahrgenommenen Stimmung oder Mehrheitsmeinung zu entsprechen und aus dieser skrupellos politisch Kapital zu schlagen." (Rensmann 2006: 59).

---

[5] Bei der WASG handelte es sich um eine großteils im Gewerkschaftsmilieu verhaftete Partei, die sich 2004/2005 aus Protest gegen die Arbeitsmarktreformen der rot-grünen Bundesregierung gründete und später mit der Linkspartei/PDS zur Partei Die Linke fusionierte.
[6] Beide Beispiele nach Brown & Mondon (2021: 287).

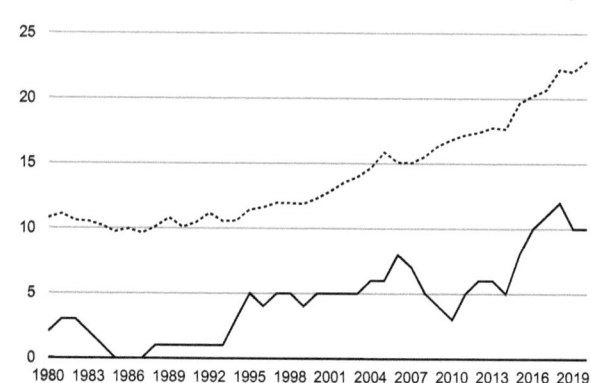

Abb. 2.2 Stimmenanteil und Regierungsbeteiligung populistischer Parteien in Europa, 1980–2019. (Eigene Darstellung. Datengrundlage: Timbro Authoritarian Populism Index.[2])

der vier Jahre seiner Präsidentschaft meist höher als im gesamten vorigen Zeitraum.

Das virulente Interesse mag auch daher rühren, dass der Wahlsieg Trumps im Ländervergleich eben kein Einzelfall ist, sondern den weltweiten Erfolgszug des Populismus versinnbildlicht (Norris und Inglehart 2019: 3–4). Seit 1980 hat sich der Stimmenanteil populistischer Parteien allein in den Ländern Europas von durchschnittlich rund zehn auf über 20 % mehr als verdoppelt (Abb. 2.2). In Polen und Ungarn, aber auch jenseits europäischer Grenzen, etwa auf den Philippinen und in Venezuela, waren oder sind populistische Parteien bzw. Staats- und Regierungschef im Amt.

---

[2] Der Index enthält alle konsolidierten Demokratien Europas. Mehr Informationen sowie der Datensatz selbst sind online verfügbar: https://populismindex.com/data/.

Mit dem Aufstieg der populistischen Parteien und Bewegungen regte sich auch das Interesse der politikwissenschaftlichen Forschung. Das war nicht immer so: Von einigen frühen Arbeiten abgesehen (bspw. Canovan 1981) fristete der Begriff in der Literatur lange ein Schattendasein. Eine der ersten wissenschaftlichen Auseinandersetzungen mit dem Populismus findet sich im Band von Ionescu und Gellner (1969), die den Populismus schon Ende der sechziger Jahre als „Gespenst" bezeichneten, das die Welt heimsuche. Inzwischen interessieren sich immer mehr Forscher*innen für das Phänomen – sei es in Parteienform, als Diskurs, als Einstellungsmerkmal, hinsichtlich seiner Ursachen oder mit Blick auf seine Auswirkungen auf demokratische Regime. Und ebenso wie in der politischen Öffentlichkeit, so ist Populismus auch in der wissenschaftlichen Debatte ein umstrittener Begriff – zumindest war er das über lange Zeit. Laclau (1977: 143) bemerkte schon früh, dass man intuitiv wisse, worum es geht, wenn man eine Bewegung oder eine Ideologie als „populistisch" bezeichnet, aber es trotzdem Schwierigkeiten bereite, diese Intuition in ein einheitliches Konzept zu übersetzen.[3] Er bemängelte, dass in der Konsequenz viele Studien den Begriff weniger theoretisch fundiert als ad hoc verwendeten (ebd.). Hawkins und Rovira Kaltwasser (2017b: 527) beklagen ähnlich wie seinerzeit Laclau, dass gerade in Fallstudien oftmals eher intuitive anstelle konzeptionell klarer Anwendungen des Begriffs zu beobachten seien. Vor diesem Hintergrund ist es kein Wunder, dass Mudde (2007: 12) nicht weniger als 22 verschiedene Begriffe

---

[3] Originalzitat: „We know intuitively to what we are referring when we call a movement or an ideology populist, but we have the greatest difficulty in translating the intuition into concepts."

identifiziert, mit denen in wissenschaftlichen Arbeiten ein und dieselbe Parteienfamilie beschrieben wird, die später als „rechtspopulistisch" gelten sollte. Was also ist Populismus?

2.1 Missverständnisse: Was Populismus nicht ist

Um zu einer Bestimmung des Populismus zu gelangen, wollen wir dort ansetzen, wo der Begriff – jenseits der Wissenschaft selbst – wohl am häufigsten gebraucht wird: in der politischen Auseinandersetzung. Als der damalige Vorsitzende der Jungsozialist*innen[4] Kevin Kühnert eine Vergesellschaftung von Schlüsselindustrien ins Spiel brachte, parierte die CDU-Vorsitzende Annegret Kramp-Karrenbauer, indem sie dessen Aussagen wie folgt einordnete: „Es ist ganz sicherlich auch Teil von Populismus, denn wir sehen ja im Moment ein Erstarken derjenigen, die einfache Antworten geben. Sowohl von rechts als auch von links." (o. V. 2019) Auch der ehemalige Vorsitzende der britischen Labour Party, Jeremy Corbyn, wurde als Populist bezeichnet, „who wants to remake his country and change the way it behaves in the world – just like [Donald] Trump" (McTague 2019). Der Begriff des Populismus weckt negative Assoziationen, und es verwundert nicht, dass politische Akteur*innen sich gegen den Anwurf, Populist*innen zu sein, zur Wehr setzen. Manchmal sogar prophylaktisch: Am 7. Dezember 2021 teilte der Twitter-Account der CSU-Landesgruppe im Bundestag ein Zitat ihres Vorsitzenden, auf

---

[4] Die Jungsozialist*innen (Jusos) sind die Jugendorganisation der Sozialdemokratischen Partei Deutschlands (SPD).

dem dieser reklamierte: „Wir wollen keine populistische Opposition sein, sondern eine populäre!" Oftmals wird der Vorwurf aber auch geradezu adaptiert, um politischen Gegner*innen den Wind aus den Segeln zu nehmen. So sagte ein damaliges Mitglied des Bundesvorstands der Wahlalternative Arbeit und soziale Gerechtigkeit (WASG),[5] dass „Populismus nichts Unanständiges" sei, weil es ja darum gehe, „komplizierte Sachverhalte so zu erklären, dass sie jeder versteht" (Broecker und Viering 2010). Die Vorsitzende des französischen Rassemblement National, Marine Le Pen, behauptete, dass Populismus bedeute, die Meinung der Menschen zu berücksichtigen – wenn die Menschen noch das Recht hätten, eine Meinung zu haben, sei sie selbst Populistin. Matteo Salvini, der Vorsitzende der italienischen Lega (zuvor Lega Nord), trug bei einem öffentlichen Auftritt 2018 sogar ein T-Shirt mit der Aufschrift „Ich bin Populist".[6]

Diese Beispiele zeigen auf, womit der Populismus in der politischen Debatte oft assoziiert wird: extreme Positionen, Radikalität, Anbiederung an die Wähler*innen, mangelnde Seriosität. Diese Aufzählung ließe sich beliebig fortsetzen. „Der Vorwurf, ‚populistisch' zu agieren, wird heute zumeist dann in Stellung gebracht, wenn dem politischen Gegner unterstellt wird, er polarisiere und simplifiziere bei komplexen Sachverhalten, um opportunistisch einer augenblicklich wahrgenommenen Stimmung oder Mehrheitsmeinung zu entsprechen und aus dieser skrupellos politisch Kapital zu schlagen." (Rensmann 2006: 59).

---

[5] Bei der WASG handelte es sich um eine großteils im Gewerkschaftsmilieu verhaftete Partei, die sich 2004/2005 aus Protest gegen die Arbeitsmarktreformen der rot-grünen Bundesregierung gründete und später mit der Linkspartei/PDS zur Partei Die Linke fusionierte.
[6] Beide Beispiele nach Brown & Mondon (2021: 287).

Im Falle mancher Begriffe, die bestimmte politische Ideologien, Haltungen oder Strategien beschreiben, fällt die Abgrenzung zum Populismus nicht leicht. Mit Extremismus und Radikalismus teilt er die Feindlichkeit gegenüber der Politik des Mainstreams, mit der Demagogie die rhetorische Mobilisierung des Volkes, mit dem Opportunismus die Beliebigkeit. Und doch unterscheidet er sich von allen in wesentlichen Gesichtspunkten. Im Folgenden sollen diese kurz erörtert werden.

Extremismus. Zum Extremismus existiert eine ganze Reihe von Definitionen, die sowohl in der Forschung als auch in der politischen Öffentlichkeit zum Teil heftig debattiert werden und hier keinesfalls erschöpfend wiedergegeben werden können. Zusammenfassend hat Jaschke (2020: 180) präzisiert, dass eine politische Gruppierung dann als extremistisch gelten kann, „wenn sie kämpferisch gegen wesentliche Verfassungsprinzipien verstößt, die Grundwerte der Demokratie ablehnt und für eine andere politische Organisationsform eintritt, die nicht auf demokratisch-rechtsstaatlichen Pfeilern steht." Extremistische Parteien bedienen sich oftmals populistischer Stilmittel. Man denke hierbei etwa an die NSDAP, die es in ihren Wahlkampagnen verstand, ihren Spitzenkandidaten und späteren Reichskanzler Adolf Hitler als „Mann des Volkes" zu inszenieren, der mit den Parteien der Weimarer Republik aufräumen werde. Der Populismus tritt aber, wie wir später sehen werden, weder notwendig in diesem Sinne kämpferisch auf noch will er die Demokratie als solches durch ein anderes System ersetzen, wie dies etwa Programm neofaschistischer oder kommunistischer Parteien ist (Rensmann 2006: 69). Dass er Stilmittel extremistischer Parteien sein kann, widerspricht dem nicht. Extremistische Parteien können populistisch auftreten, aber populistische Parteien sind nicht zwingend extremistisch, und Populismus ist kein „Extremismus light".

Radikalismus. Im Sprachgebrauch ist die Trennlinie zwischen Extremismus und Radikalismus oft nicht völlig klar. Diese lässt sich ziehen, wenn man das Verhältnis einer politischen Haltung zur demokratischen Verfassung genauer betrachtet. Vom Extremismus unterscheidet sich der Radikalismus insofern, als der Radikalismus wesentlichen Prinzipien der Verfassung (etwa Gewaltenteilung, Rechtstaatlichkeit etc.) widerspricht, während der Extremismus die Verfassung vollständig abschaffen und durch ein anderes System ersetzen will (Mudde 1996: 231). Ebenso wie der Extremismus stellt der Radikalismus keinen Widerspruch zum Populismus dar. Im Gegenteil: Empirische Studien können zeigen, dass der Populismus gerade eine Eigenschaft radikal linker und radikal rechter Parteien ist (Roodujin und Akkerman 2017). Jedoch beschreiben weder Extremismus noch Radikalismus die inhaltliche Dimension des Populismus, sondern bezeichnen anti-demokratische Haltungen verschiedenen Grades, die verschiedene ideologische Färbungen annehmen können.

Demagogie. Als Demagog*in kann „eine Person [gelten], der es gelingt, über verbale Angriffe (Hetze, Verleumdung) Teile oder die Masse der Bevölkerung zu beeinflussen (aufzuwiegeln/zu verführen) und damit (gewissenlos) Macht auszuüben" (Schubert und Klein 2020). Die Gleichsetzung mit dem Populismus ist nicht abwegig. So konnte beispielsweise nachgewiesen werden, dass der Begriff des Populismus im politischen Diskurs des Vereinigten Königreichs vor allem als Demagogie verstanden wird, man also als „Populist*in" solche Politiker*innen bezeichnet, die sich auf die „Verführung" des Volkes verstehen (Casiraghi 2020). Der Unterschied liegt darin, dass Demagogie vornehmlich eine Technik politischer Kommunikation ist. Die Aufwiegelung durch Demagog*innen ist vor allem auf deren rhetorische Fähigkeiten in der Redesituation selbst zurückzuführen. Hier eignet sich in der Tat das Bild des „Rattenfängers". Populismus ist zwar auch, aber eben nicht nur ein politisches Stilmittel. Er verfügt über inhaltliche Substanz und vertritt eine ganz bestimmte Vorstellung der Identität des „Volkes". Mit diesem Volk machen sich Populist*innen gemein, während sich Demagog*innen situativ an ihre jeweilige Zuhörer*innenschaft richten. Mit anderen Worten: Demagog*innen sprechen situativ aus, „was das Publikum denkt"; Populist*innen geben vor, mit einem Volk eins zu sein, dessen Identität sie selbst definieren (vgl. Urbinati 2019: 9).

Opportunismus. Laut Duden ist unter Opportunismus die „allzu bereitwillige Anpassung an die jeweilige Lage aus Nützlichkeitserwägungen" zu verstehen. Im politischen Wettbewerb handelt es sich um ein kurzfristiges taktisches Verhalten, bei dem Akteur*innen aus Interesse an Machtgewinn oder -erhalt Positionen einnehmen, die sie bei einer relevanten Zahl von Wähler*Innen in der gegenwärtigen Lage für populär erachten.[7] Im alltäglichen Sprachgebrauch wird Populismus oftmals mit Opportunismus in Verbindung gebracht oder gar gleichgesetzt (Werz 2003: 46). Der sprichwörtliche Versuch, „dem Volk aufs Maul zu schauen", ist aber gerade keine Eigenschaft des Populismus, weil dessen Volksbegriff und Ideologie sich nicht beliebig nach Stimmungen richten, sondern weil populistische Parteien und Bewegungen eine substanzielle Vorstellung darüber artikulieren, wer zum „Volk" gehört und wer nicht. Um gänzlich opportunistisch agieren zu können, müssten Akteur*innen ideologisch beliebig auftreten – das ist aber in der Regel auch bei Populist*innen nicht der Fall.

---

[7] Der auf kurzfristigen Entscheidungen basierende Taktikbegriff ist der Diskussion bei Raschke und Tils (2013: 85, 131) entlehnt.

2.2 Definitionen

Seit etwa Mitte der 2000er-Jahre lässt sich ein „Minimalkonsens" identifizieren, der im angelsächsischen Sprachraum durch die Arbeiten von Mudde (2004; 2007), im deutschsprachigen Feld vor allem durch die Beiträge von Decker (2000; 2004; 2006b) vorangetrieben wurde. Grundsätzlich kann Populismus nach gängiger Auffassung wie folgt beschrieben werden:

> Populismus ist „eine Ideologie, die die Gesellschaft als in zwei sich gegenüberstehende, homogene Gruppen aufgeteilt betrachtet: das ‚gute Volk' gegen die ‚korrupte Elite', und die behauptet, dass Politik ein Ausdruck des *volonté générale* (des gemeinsamen Willens) des Volkes sein sollte." (Mudde 2004: 543; Übersetzung durch M.L.)

Diese Definition enthält zwei wesentliche Elemente des Populismus:

1. **Volkszentriertheit:** Die Vorstellung, dass es ein durch einen gemeinsamen, homogenen Willen gekennzeichnetes „Volk" gebe;
2. **Anti-Establishment-Haltung:** Die Behauptung, dass die politischen Eliten den Interessen des Volkes grundsätzlich zuwiderhandeln.

Wir wollen diese beiden Elemente im Folgenden genauer betrachten.

Volkszentriertheit: Den Kern des Populismus bildet eine Haltung, die das „Volk" als in zweierlei Hinsicht homogen ansieht. Diese Homogenität bezieht sich erstens auf die Identität des Volkes. Sie kann auf historische, kulturelle, ethnische oder schichtbezogene Eigenschaften rekurrieren.

Worauf die Identität des Volkes basiert, unterscheidet sich zwischen den einzelnen Formen des Populismus. Rechtspopulistische Parteien und Bewegungen rücken in aller Regel eine gemeinsame Kultur oder Ethnie in den Fokus; Linkspopulist*innen stellen beispielweise auf marginalisierte Gruppen ab (vgl. Mudde und Rovira Kaltwasser 2013; siehe Kap. 4). In beiden Fällen steht eine romantisierte Vorstellung des Volkes im Mittelpunkt, die aus dessen Identität bestimmte Tugenden ableitet: Aufrichtigkeit, Anstand, Fleiß, gesunder Menschenverstand etc. (vgl. Decker 2018: 360). Taggart (2004: 274) verwendet hierfür den Begriff „Heartland": eine Verklärung der Werte und Eigenschaften, die „das Volk" ausmachen und die zugleich in einer glorifizierten Vergangenheit liegen, die wiederhergestellt werden müsse. Das Volk ist im Populismus also nicht deckungsgleich mit dem Staatsvolk, das wir aus der Demokratieforschung oder der Verfassungslehre kennen. Es handelt sich um eine sozial oder kulturell mehr oder minder klar abgegrenzte Gruppe, die aufgrund ihrer als positiv erachteten Eigenschaften für den „wahren Kern", das „eigentliche" Volk steht. Indem der Populismus also das „wahre" Volk adressiert, impliziert er zugleich, dass bestimmte Gruppen nicht zu ebendiesem Volk gehören: es geht nicht um alle, sondern die wenigen, die er aufgrund ihrer Eigenschaften dem „echten" Volk zurechnet (Urbinati 2019: 50).

Die zweite Homogenitätsdimension betrifft den politischen Willen des Volkes. Um dies nachzuvollziehen, muss man sich vor Augen halten, dass alle Gesellschaften durch widerstreitende Interessen, Ideen, Ideologien geprägt sind und dass diese in Demokratien gleichberechtigt zum Ausdruck gebracht werden können. Der Populismus negiert diese Vielfalt, indem er einer bestimmten Position zugesteht, den Willen des Volkes als Ganzes darzustellen – ein „Volksgeist", der lediglich zum Ausdruck gebracht und politisch umgesetzt werden müsse (Müller 2016a: 189). Abweichende Positionen stehen demnach im Widerspruch zum Interesse des Volkes selbst. Damit negiert der Populismus die Offenheit demokratischer Verfahren, in denen das Gemeinwohl nicht von vornherein festgelegt, sondern das Ergebnis eines Wettbewerbs unterschiedlicher Interessen darstellt (vgl. Caramani 2017). Er wendet sich gegen Kompromisslösungen, denn jede Abweichung vom „wahren" Willen des Volkes wäre nach seiner Lesart nichts anderes als Verrat. Für sich selbst nehmen Populist*innen in Anspruch, die Bedürfnisse des Volkes zu kennen und gegen die Interessen seiner Feind*innen zu vertreten. Im Lichte dieser Überlegungen ist die von Populist*innen oft vorgebrachte Forderung nach direktdemokratischen Verfahren nicht als Ausweitung von Beteiligungsinstrumenten mit jeweils offenem Ergebnis zu verstehen, sondern Kampagnen für mehr direkte Demokratie dienen vor allem dazu, die politischen Eliten vorzuführen (vgl. Decker 2006a: 27).

Anti-Establishment-Haltung: Aus dem Anspruch des Populismus, dass nur er selbst das Volk vertreten kann, folgt die Ablehnung der etablierten politischen Eliten (Müller 2016a: 26). Ihnen begegnet der Populismus mit Feindseligkeit; ihren Entscheidungen bringt er tiefes Misstrauen entgegen. Ebenso wie das Volk betrachtet der Populismus das politische Establishment bzw. die politischen Eliten als homogene Gruppe.[8] So, wie das Volk als „rein" im Sinne von „tugendhaft" gilt, ist das Establish-

---

[8] In der englischsprachigen Forschung werden *anti-establishment politics* und *anti-elitism* mit Bezug auf Populismus meist synonym verwendet. Auch wenn erstere Bezeichnung präziser ist – weil Populist*innen sich gegen die etablierten Eliten richten, während sie sich selbst auch dann als Außenseiter*innen präsentieren, wenn sie selbst zu den politischen Eliten zählen – sollen hier aus Gründen der angenehmeren Lesbarkeit beide Begriffe verwendet werden.

ment korrupt, inkompetent, abgehoben, entrückt vom Volk und seinen Nöten, kurzum: „verdorben" (Mudde und Rovira Kaltwasser 2012: 8–9). Mit Anti-Establishment-Haltung ist also nicht etwa die Kritik an einzelnen Politiker*innen, Parteien oder der Regierung gemeint, wie sie zum Beispiel im Wahlkampf üblich ist. Auch ist nicht jede, zum Teil harsche Auseinandersetzung in diesem Kontext gleich „populistisch". Entscheidend ist, dass dem politischen Establishment als Ganzes abgesprochen wird, die Interessen des Volkes vertreten zu wollen. Die vermeintliche Abgehobenheit der Eliten ist dabei nicht darauf zurückzuführen, dass es sich zwingend um distinkte soziale Gruppen handelt. Vielmehr haben sich die Eliten an irgendeinem Punkt dafür entschieden, ihren eigenen Interessen zu folgen und das Volk zugunsten ihrer eigenen Macht im Stich zu lassen (Mudde 2017: 30). So zeichnet der Populismus das Volk als ohn- und die Eliten als übermächtig. An diese Unwucht der Macht ist auch der Tugendbegriff des Populismus gebunden (Urbinati 2019: 64): Das Establishment gilt als durch die Macht korrumpiert; das Volk ist in dieser Hinsicht „unschuldig", weil es von der Macht ausgeschlossen ist. Gemeint ist also nicht, dass sich populistische Führungspersönlichkeiten besonders „moralisch" verhalten müssten. Man denke an Donald Trump, der mit frauen- und behindertenfeindlichen Bemerkungen auf sich aufmerksam machte, oder an den philippinischen Präsidenten Diego Duterte, der gegenüber politischen Gegner*innen und Kritiker*innen immer wieder zu rüden Beleidigungen greift. Darüber hinaus ist die Anti-Establishment-Haltung nicht auf Politiker*innen im engsten Sinne begrenzt. Das politische Establishment bezeichnet eine homogene, zugleich jedoch nur vage umrissene Gruppe der politisch „Mächtigen". Das schließt Politiker*innen, Abgeordnete, Regierende ein. Dazu können aber auch jene gehören, die im Verdacht stehen, mit „denen da oben" zu paktieren, also selbst Expert*innen und Wissenschaftler*innen (bspw. Clarke und Newman 2017; Merkley 2020).

Volkszentriertheit und Anti-Establishment-Haltung gehören nach der o. g. Definition von Mudde (2004) zusammen. Ist nur eine dieser beiden Dimensionen vorhanden, kann demnach die entsprechende Partei, Bewegung oder Politiker*in nicht als „populistisch" bezeichnet werden. Das trifft etwa auf eine Reihe von Anti-Establishment-Parteien zu, die nur anti-elitistisch auftreten, nicht jedoch im o. g. Sinne volkszentriert (Engler et al. 2019).[9] In ihrer Anfangszeit in den frühen 1980er Jahren waren grüne Parteien beispielsweise durch eine deutliche Anti-Establishment-Haltung geprägt und definierten sich als „Anti-Parteien-Partei" (bspw. Hoogvliet und Wedell 2001). Ihnen fehlte aber genau jener Bezug auf ein homogenes „Volk", als dessen alleinige Vertreter*innen sie sich hätten sehen müssen. Auch populistische Parteien müssen nicht in extremem oder gar gleichem Maße volkszentriert und anti-elitistisch sein. Sowohl der Populismus selbst als auch seine Subdimensionen sind jeweils keine binären Merkmale, die entweder da sind oder nicht, sondern graduelle Eigenschaften. Manche populistischen Parteien legen beispielsweise einen stärkeren Fokus auf die Anti-Establishment-Haltung, während sie das Volk in wesentlich geringerem Maße adressieren. Bei anderen ist es umgekehrt: Sie appellieren an das Volk, aber machen nur begrenzt von Anti-Elitismus Gebrauch. Hinzu kommt, dass dieselbe Partei über einen längeren Zeitraum hinweg mal mehr, mal weniger populistisch auftreten kann (Franzmann und Lewandowsky 2020).

---

[9] Zum Konzept der Anti-Establishment-Partei siehe bspw. Schedler (1996).

2.3 Forschungsansätze

Die Tatsache, dass sich mit Muddes (2004) Ansatz eine Art „Goldstandard" entwickelt hat, kann nicht darüber hinwegtäuschen, dass das Konzept des Populismus nach wie vor debattiert wird. Auch wenn in der Literatur weitgehend Einigkeit darüber besteht, dass Populismus als Appell an das „Volk" und als Abgrenzung gegenüber dem „Establishment" verstanden werden kann, so bestehen innerhalb der Forschung unterschiedliche Auffassungen darüber, in welcher Form er sich manifestiert. Im Mittelpunkt steht dabei die Frage nach der ideologischen Substanz des Populismus, also danach, ob es sich um eine ähnlich ausdifferenzierte Weltanschauung handelt wie etwa im Falle des Faschismus, des Kommunismus oder des Liberalismus. Vier Ansätze lassen sich unterscheiden (bspw. Moffitt 2018: 2–4; Moffitt 2020: 10–11; Rydgren 2017): 1) Populismus als „vollwertige" Ideologie; 2) Populismus als „dünne Ideologie", 3) Populismus als Diskurs sowie 4) Populismus als Stilmittel bzw. Strategie.

Ein Ansatz schreibt dem Populismus eine voll entwickelte ideologische Qualität zu *(thick ideology)*. Das bedeutet, dass Populismus, ähnlich anderen Weltanschauungen, eine umfassende Deutung der sozialen Wirklichkeit und ein auf alle gesellschaftlichen Bereiche ausstrahlendes normatives Ideal beinhaltet (Rydgren 2017: 488–489): Den Kern bildet auch hier ein mythischer Vergangenheitszustand, in dem das Volk „gut" und „rein" war. Populismus entwickelt hieraus eine Quasi-Utopie, die einen so nie existenten Status quo ante (wieder)herstellen will. Dieser idealisierte Blick auf das „Früher, als alles besser war" geht mit einer ablehnenden Haltung gegenüber modernen, progressiven Ideologien einher. In diesem Sinne ist der Populismus seinem Wesen nach eine konservative Ideologie (ebd.). In den politischen Eliten wiederum sieht er jene, die die dem Volk eine gesellschaftliche Modernität aufoktroyiert haben, die dem Wesen des „wahren" Volkes widerspricht. Nach diesem Ansatz trägt die Anti-Establishment-Haltung des Populismus verschwörungstheoretische Züge. Die Charakteristika, die dem Populismus aus Sicht dieses Ansatzes zugeschrieben werden, ähneln dem, was man gemeinhin als Rechtspopulismus bezeichnet (ebd.: 490).

Der *Ideational Approach,* der auf die Arbeiten von Mudde (2004; 2007) zurückgeht, versteht den Populismus hingegen als „dünne" Ideologie *(thin ideology),* die nicht alle sozialen und politischen Aspekte einer Gesellschaft, sondern lediglich das Verhältnis zwischen Volk und politischen Eliten adressiert (Hawkins und Rovira Kaltwasser 2019: 4). Daraus ergibt sich, dass Populismus verschiedene ideologische Einfärbungen annehmen kann: „Populism, thinly defined, has no political colour; it is colourless and can be of the left and of the right." (Jagers und Walgrave 2007: 323) Die dem Populismus eigene Haltung, dass das Volk und die Eliten in sich jeweils homogen seien, impliziert nicht zwingend eine bestimmte Auffassung darüber, welche Gruppen es etwa sind, die das Volk als solches verkörpern, und aus ihnen gibt sich auch keine spezifische gesellschaftspolitische Positionierung. Manche populistischen Parteien bzw. Bewegungen stellen auf die Landbevölkerung als das „wahre Volk" ab, andere auf die kulturell Autochthonen. Die soziale Beschaffenheit des „wahren" Volkes hängt damit von der „Wirtsideologie" ab, an die der Populismus anschließt und unterscheidet sich wesentlich zwischen links- und rechtspopulistischen Parteien (siehe Kap. 4).

Ein und dasselbe politische Phänomen würde von den Vertreter*innen des Ideational Approach vermutlich nicht wesentlich anders beschrieben als von jenen, die den Populismus als „dicke" Ideologie begreifen.

Der Unterschied der Betrachtung läge darin, welche Merkmale des Phänomens jeweils auf den Populismus zurückzuführen wären. Der Ideational Approach stellt ein Werkzeug für die Analyse ideologisch heterogener populistischer Parteien und Bewegungen bereit. Der Thick-Ideology-Ansatz versteht Populismus hingegen als umfassende Ideologie, die eine Partei oder Bewegung als Ganzes prägt.

Ansätze, die auf die inhaltlichen Merkmale des Populismus abstellen, stehen solche Zugänge gegenüber, die auf die politische Praxis fokussieren (Moffitt 2018: 3). Hierzu sind solche zu zählen, die Populismus als politischen Diskurs verstehen. Zu diesen gehört eine ganze Reihe verschiedener Ansätze, die zum Teil unterschiedliche Auffassungen darüber vertreten, was unter „Diskurs" zu verstehen ist. Diese reichen von der Analyse sozialer Praxis, über die Deutung von Diskurs als Ideen- oder Bedeutungsrahmen bis zu einem engen Verständnis von Diskurs als Folge von Sprechakten (Poblete 2015: 202). Ohne in die Diskursanalyse(n) einzusteigen, lässt sich festhalten, dass sie in der Regel nicht auf Akteur*innen fokusieren, sondern auf Kommunikation als Struktur. Parteien oder Politiker*innen sind darin Träger*innen von Sprechakten. Auch dieser Ansatz sieht Populismus als Appell an ein als homogen gedachtes Volk, in dem sich die Populist*innen als deren Stimme artikulierten und zugleich gegen die politischen Eliten Stellung beziehen (Aslanidis 2016: 96–97).

Während Zugänge, die Populismus als Stilmittel begreifen, mit den zuvor genannten Ansätzen den Fokus auf die politische Kommunikation teilen, stellen sie vor allem auf die performativen Aspekte des Populismus ab (Moffitt 2018: 3). In diesem Ansatz kommt der Populismus der Demagogie insofern am nächsten, als es sich um ein Werkzeug handelt, mit dem politische Anführer*innen ihr Publikum adressieren und sich zu ihm in Beziehung setzen können. Nach Moffitt und Tormey (2014: 391–394) besteht dieses Stilmittel aus drei Elementen: 1) einem Appell an das „Volk", 2) einem Narrativ, das die jeweils gegenwärtige Situation als krisenhaft und bedroht beschreibt, was sofortiges Handeln erzwingt sowie 3) schlechten Manieren *(bad manners),* mit denen der*die populistische Anführer*in sich als „einfache*r Bürger*in" inszeniert, der*dem die elitären Gepflogenheiten des politischen Establishments fremd sind. Die „charismatische Führungspersönlichkeit" galt lange Zeit als eines der wesentlichen Merkmale des Populismus (Decker 2004: 33). In den letzten Jahren allerdings sind zunehmend populistische Bewegungen entstanden, die ohne prägende Führerfigur auskommen (Mudde und Rovira Kaltwasser 2014: 385–386).

Dieser kurze Überblick zeigt, dass trotz der Unterschiede in der Frage, welche *Form* Populismus hat, mit Blick auf die Substanz – also das, was ihn *inhaltlich* kennzeichnet – große Einigkeit besteht. Daher müssen diese Ansätze einander in der Forschungspraxis nicht zwingend ausschließen. Beispielsweise kann ein*e Politiker*in populistische Stilmittel anwenden, aber einer nichtpopulistischen Partei angehören. So kann eine Partei etwa programmatisch relativ moderat auftreten, jedoch gleichzeitig Mitgliedern mit populistischen Einstellungen eine Plattform bieten. Das etwa war in der Anfangsphase der AfD der Fall, als die Partei ein gemäßigt euroskeptisches Profil pflegte, sodass manche Autor*innen den populistischen Charakter der Partei bezweifelten (bspw. Arzheimer 2015). Die Kandidat*innen zur Bundestagswahl 2013 wiesen jedoch bereits sowohl ein ideologisch rechts stehendes als auch ein populistisches Profil auf (Lewandowsky et al. 2016). Das Beispiel zeigt: Es lohnt sich, allen Ansätzen in der Praxis mit Offenheit und einem gewissen Pragmatismus zu begegnen.

2.4 Methoden

Den im vorangegangenen Abschnitt skizzierten Ansätzen ist gemein, dass sie sich in irgendeiner Form für die empirische Wirklichkeit interessieren, also Aussagen darüber treffen wollen, was Populismus in der Realität „ist". Umgekehrt bedeutet das: Forschende müssen darüber urteilen können, wann ein Untersuchungsgegenstand – etwa eine Partei oder eine politische Rede – als „populistisch" klassifiziert werden kann. Für Tatsachenaussagen dieser Art bedarf es empirischer Methoden. Mit welchen Instrumenten lässt sich also Populismus identifizieren und messen?[10]

Eine einfache Zuordnung nimmt die PopuList (Rooduijn et al. 2019) für eine Vielzahl europäischer Parteien anhand von vier Merkmalen vor: 1) Populismus, 2) Euroskeptizismus, 3) linksradikal *(far left)* und 4) rechtsradikal *(far right)*. Aus der Gesamtheit der vier jeweils binären Variablen ergibt sich dann die Klassifizierung einer Partei, wobei lediglich links- und rechtsradikal einander ausschließen. Andere Ansätze zielen jeweils auf die Messung gradueller Ausprägungen des Populismus (und anderer Positionen der Partei) ab. Anstelle der Entscheidung darüber, *ob* eine Partei schlicht populistisch ist oder nicht (oder etwa links- oder rechtsradikal), erlauben sie eine Aussage darüber, *wie*

---

[10] Für eine detaillierte Darlegung unterschiedlicher Messmethoden, an die die in diesem Kapitel gewählte Aufstellung sehr grob anschließt, sei der zweite Teil im Band von Hawkins et al. (2019) empfohlen.

populistisch sie auftritt und wo sie in einem politischen Koordinatensystem angesiedelt werden muss. Dabei greifen einige Arbeiten erstens auf Experten*innenumfragen zurück, die sich als Methode zur Bestimmung von Parteiideologien in der Forschung lange bewährt haben. So gehört der *Chapel Hill Expert Survey (CHES)* zu den bewährten Datensätzen zu Parteipositionen (Jolly et al. 2022). Die Grundlage bilden die Einschätzung mehrerer Expert*innen, die der Partei dann zu jedem Thema einen Wert auf einer Skala zuweisen, um etwa ihre Zustimmung bzw. Ablehnung zu einer bestimmten Position oder ihre Verortung auf der ideologischen Links-Rechts-Achse zu quantifizieren. Die endgültigen Positionen der Parteien entsprechen dann in der Regel den Mittelwerten der abgegebenen Einschätzungen. Der CHES enthält jedoch lediglich eine Variable zur Salienz (d. h. Bedeutsamkeit) von Anti-Establishment-Rhetorik für die jeweilige Partei, aber keine Variablen zur Populismus-Messung. Andere Expert Surveys haben diesen Ansatz erweitert, indem sie neben der Messung thematischer und ideologischer Positionen der Parteien eine mehrdimensionale Messung des Populismus integrieren. Hierzu gehören etwa der von Meijers und Zaslove (2021) entwickelte *Populism and Political Parties Expert Survey* (POPPA), der *Global Party Survey* (Norris 2019) sowie das *V-Party Dataset,* das dem Projekt *Varieties of Democracy (V-Dem)* zuzurechnen ist (Lührmann et al. 2020).

Während Expert*innenumfragen die Ideologie bzw. Positionen der Partei messen, helfen andere Verfahren politische Kommunikation bzw. Diskurse nachzuvollziehen. Erstens hat sich zur Erfassung der Kommunikation politischer Parteien die Quantifizierung von Partei- bzw. Wahlprogrammen etabliert. Den „Goldstandard" hierfür stellt das *Manifesto Project* (Volkens et al. 2021) dar, das allerdings keine Variablen zum Populismus enthält.

Andere Inhaltsanalysen, die die Messung des Populismus zum Ziel hatten, begnügten sich mit dessen beiden Hauptdimensionen: Volkszentriertheit und Anti-Elitismus (Rooduijn und Pauwels 2011). Spätere Verfahren setzen hier an, sind jedoch differenzierter und spalten die beiden Dimensionen des Populismus in verschiedene Subdimensionen auf. Dabei wird etwa in der Anti-Establishment-Dimension danach differenziert, welche politischen Eliten genau adressiert werden, etwa Parteien, Politiker*innen oder die Regierung, ob es sich um nationale oder internationale Eliten (etwa auf der Ebene der Europäischen Union) handelt (Franzmann und Lewandowsky 2020). Andere Ansätze unterscheiden danach, welche negativen Eigenschaften den politischen Eliten zugeschrieben werden, etwa, ob sie als privilegiert portraitiert werden oder man auf die negativen Auswirkungen ihres politischen Handelns rekurriert (Schwörer 2022). Mit solch detaillierten Verfahren lässt sich neben dem Grad des Populismus etwa auch darstellen, inwiefern sich die jeweiligen Feindbilder zwischen den einzelnen populistischen Parteien unterscheiden. Das kann etwa dann nützlich sein, wenn unterschiedliche Strategien zwischen populistischen Parteien in der Opposition und solchen an der Regierung nachvollzogen werden sollen.

Partei- bzw. Wahlprogramme können als empirische Quelle auf eine lange Tradition in der Forschung zurückblicken. In häufig „handcodierten" Verfahren werden die Wahlprogramme von trainierten Forscher*innengruppen gelesen und mittels eines Codebuchs codiert, wobei jedem Sinnabschnitt (was, je nach Verfahren, Sätze oder „Quasi-Sätze" sein können) ein oder mehrere Codes zugewiesen werden. Dabei entspricht der finale Wert einer Variablen der Anzahl der Codes pro Wahlprogramm der Partei. Ein einfaches Beispiel: Wenn sich eine Partei in einem

Wahlprogramm in 15 von 100 Sinnabschnitten negativ über das politische Establishment äußert, so könnte die Ausprägung der Variablen „Anti-Establishment" als Anteilswert 0,15 dargestellt werden. Voraussetzung dafür ist, dass das Codebuch, das die Grundlage für die Codierarbeit bildet, auch einen entsprechenden Code „Anti-Establishment-Haltung" enthält: Coder*innen können nur codieren, worauf sie vorher trainiert wurden. Die Herangehensweise, Texte „per Hand" zu codieren, wird auch in der Populismusforschung zunehmend durch computergestützte Verfahren ergänzt. Die Methoden reichen dabei von diktionärsgestützten Ansätzen (Rooduijn und Pauwels 2011) zu Machine Learning, indem Algorithmen auf die automatisierte Codierung populistischer Inhalte in Texten trainiert werden (Di Cocco und Monechi 2021; kritisch Jankowski und Huber 2022).

Zweitens kann politische Kommunikation über Sprechakte und andere Texterzeugnisse gemessen werden. So enthält etwa die *Global Populism Database* (Hawkins et al. 2019) Daten zum Populismusgrad unterschiedlicher Reden von Staats- und Regierungschefs zwischen 2000 und 2018. Andere Datengrundlagen sind etwa Wahlwerbespots von Parteien (Jagers und Walgrave 2007) oder deren Pressemitteilungen (Franzmann 2016). Speziell durch die Analyse von Parlamentsreden lässt sich messen, inwiefern der Populismus die Debatte in der Legislative prägt (Schwanholz et al. 2020; Lewandowsky et al. 2022b). Mehr noch als etwa Manifestos eignen sich Parlamentsreden zum Nachvollziehen der konkreten Diskursposition von Parteien zu einem bestimmten Zeitpunkt zwischen Wahlen. Erstens ist das Parlament in Demokratien der zentrale Ort der Artikulation und Repräsentation politischer Interessen. Zweitens bilden Redebeiträge keine langfristige programmatische Entscheidung der Partei als Ganzes ab, sondern finden in der Dynamik der Parlamentsdebatte statt. So beziehen sich Redebeiträge auf tagespolitische Ereignisse und enthalten oftmals direkte Reaktionen auf andere Sprecher*innen. Und drittens lässt sich über die Beiträge einzelner Abgeordneter derselben Partei auch auf die Homo- beziehungsweise Heterogenität des innerparteilichen Diskurses schließen.

Populismus ist aber nicht nur eine Eigenschaft von Parteien und ihrer Kommunikation. Es handelt sich auch um ein individuelles Einstellungsmerkmal. Ebenso, wie Menschen beispielsweise ideologisch links oder rechts stehen oder sich zu bestimmten politischen Themen positionieren können, können sie mehr oder weniger populistisch eingestellt sein. Nach Almond und Verba (1965: 21) bezeichnen Einstellungen eine affektive, kognitive oder evaluative Position, die Individuen gegenüber einem Objekt beziehen. Politische Einstellungen umfassen demnach 1) die Wahrnehmung der eigenen Stellung im politischen System; 2) generelle Einstellungen gegenüber Organisation und Struktur des Systems; 3) die Bewertung der Partizipationsmöglichkeiten sowie 4) die Einschätzung der Leistung des politischen Systems. Populistische Einstellungen sind in diesem Sinne auf der einen Seite normativ, weil sie eine Vorstellung darüber zum Ausdruck bringen, wie das politische System funktionieren soll und was unter „wahrer" Demokratie zu verstehen ist. Andererseits sind sie evaluativ, weil sie Unzufriedenheit mit den politischen Eliten und der vermeintlich mangelnden Umsetzung des Volkswillens artikulieren (Lewandowsky 2020).

Die Erhebung populistischer Einstellungen erfolgt in der Regel durch Umfragen, seltener in Gestalt experimenteller Designs. Gemein ist ihnen, dass sie latente populistische Einstellungen mittels einer ganzen Reihe von Fragen messen (sog. Item-Batterien). Tab. 2.1 bietet eine Zusammenstellung von Items eines bewährten Surveys zum Thema, das von Akkermann et al. (2014) entwickelt wurde.

Tab. 2.1 Umfrageitems zur Messung von Populismus, Pluralismus und Elitismus nach Akkerman et al. (2014: 1331)

POP1	Die Politiker im Parlament müssen dem Willen des Volkes folgen
POP2	Das Volk und nicht die Politiker sollten die wichtigsten politischen Entscheidungen treffen
POP3	Die politischen Unterschiede zwischen Elite und Volk sind größer als die Unterschiede innerhalb des Volkes
POP4	Ich würde mich lieber von einem Bürger als von einem spezialisierten Politiker vertreten lassen
POP5	Gewählte Politiker reden zu viel und tun zu wenig
POP6	Politik ist letztlich ein Kampf zwischen Gut und Böse
POP7	Was die Leute in der Politik „Kompromiss" nennen ist letztlich nur ein Bruch mit den eigenen Prinzipien
POP8	Interessengruppen haben zu viel Einfluss auf politische Entscheidungen
PLU1	In einer Demokratie ist es wichtig, Kompromisse zwischen verschiedenen Ansichten zu machen
PLU2	Es ist wichtig, die Meinung anderer Gruppen anzuhören
PLU3	Diversität beschränkt meine Freiheit
E1	Politiker sollten eher führen anstatt den Leuten zu folgen
E2	Unser Land würde besser regiert, wenn wichtige Entscheidungen erfolgreichen Geschäftsleuten überlassen würden
E3	Unser Land würde besser regiert, wenn wichtige Entscheidungen unabhängigen Experten überlassen würden

Übersetzung durch den Autor.

Zu jeder Aussage drücken die Befragten mittels einer Skala den Grad ihrer Zustimmung bzw. Ablehnung aus.

Die hier enthaltenen Items spiegeln drei theoretische Konzepte wider: Populismus (POP1-8), Pluralismus (PLU1-3) und Elitismus (E1-3). Pluralismus und Elitismus sind dem Populismus widersprechende Haltungen (Akkerman et al. 2014: 1331–1332). Die Umfrageitems wurden deshalb inkludiert, um herauszufinden, ob es sich beim Populismus wirklich um eine distinkte Einstellung handelt. Vereinfacht ausgedrückt müsste jemand, der populistisch eingestellt ist, auf den entsprechenden Items den theoretisch hohen Zustimmungswert aufweisen und auf den Pluralismus- bzw. Elitismus-Items eine gegenteilige Position. Von jemandem, der populistisch eingestellt ist, würden wir etwa erwarten, dass er der Aussage in POP3 zustimmt, PLU1 und E1 jedoch eher ablehnt. Gleichzeitig würde man bei einer populistisch eingestellten Person vermuten, dass sie nicht nur POP3 zustimmt, sondern den meisten Items dieser Kategorie. Um beide Fragen zu beantworten, bedient man sich bestimmter mathematischer Verfahren (i. d. R. Faktoranalysen). Akkerman et al. (2014) können dabei zeigen, dass zum einen tatsächlich ein latentes populistisches Einstellungsmerkmal existiert und sich dieses zum anderen von Pluralismus und Elitismus unterscheidet. Die von ihnen entwickelte Skala gehört – teilweise in abgewandelter Form – mittlerweile zum Standardrepertoire einer ganzen Reihe von Umfragen, etwa der *German Longitudinal Election Study (GLES)*.

Nicht nur Bürger*innen, sondern auch politische Eliten können populistische Einstellungsmerkmale aufweisen. Das wirkt auf den ersten Blick widersprüchlich. Immerhin sind politische Eliten ja gerade diejenige Gruppe, die der Populismus als Antagonist*innen des Volkes betrachtet. Auf der anderen Seite zeigen Akteure wie der ehemalige US-Präsident Trump oder der brasilianische Staatschef Jair Bolsonaro, dass Spitzenpolitiker*innen sich durchaus als Gegner*innen des Establishments innerhalb der Regierung verstehen und gerieren können. Die Frage ist jedoch, ob es sich beim Populismus „nur" um ein Stilmittel oder auch um ein substanzielles Einstellungsmerkmal handelt. Für Letzteres gibt es durchaus empirische Evidenz (Andreadis und Ruth-Lovell 2018). Die Einstellungen politischer Eliten sind aus zwei Gründen im Kontext der Populismusforschung interessant. Erstens ergänzen sie parteibezogene Ansätze insofern, als sie den Blick auf deren „Innenleben" lenken, während Expert*innenumfragen oder Manifestodaten die Partei als Ganzes bzw. die Ergebnisse ihrer strategischen Entscheidungen betrachten. Dass Parteien keine unitarischen Akteurinnen sind, sondern von mehr oder weniger offenen Konflikten, unterschiedlichen Interessen und zum Teil sogar widerstreitenden Positionen geprägt sind, liegt gewissermaßen in ihrer Natur als komplexe Organisationen (bspw. May 1973): Einstellungen sind in Parteiorganisationen nicht gleich verteilt; es gibt radikale und moderate Mitglieder, und obschon dies Konsequenzen für die Entscheidungen der Partei hat, spiegeln sich diese Konflikte in deren Kommunikation nicht unmittelbar wider. Einstellungsdaten stellen daher einen empirischen Zugriff auf innerparteiliche Diskurse dar, der sich durch die Analyse von Programmen, Pressemitteilungen oder mittels Expert*innensurveys so nicht herstellen lässt (vgl. Stavrakakis et al. 2017).

Tab. 2.2 fasst die unterschiedlichen Ansätze zur Messung zusammen. Sie ist bei Weitem nicht erschöpfend. Die in der Literatur vorgeschlagenen Messinstrumente haben sich mit der Zeit immer weiter ausdifferenziert. Damit nimmt auch die kritische Auseinandersetzung mit den jeweiligen Ansätzen zu. Im Mittelpunkt der Debatte steht die Frage, inwiefern Populismus-Konzepte und deren Operationalisierungen empirisch tatsächlich das messen, was sie messen sollen. So arbeiten etwa Hunger und Paxton (2021) mehrere Probleme der empirischen Populismusforschung heraus. Viele Studien verzichteten nach wie vor auf eine arbeitsfähige Definition des Begriffs oder ließen eine klare Trennung zwischen Populismus und der Ideologie, mit der er gemeinsam auftritt, vermissen. Oftmals sei der Populismus, obwohl er in der Arbeit eine prominente Stellung einnimmt, nicht mehr als

Tab. 2.2 Ausgewählte Ansätze zur Messung des Populismus. (Eigene Darstellung.)

	Parteiideologie	Kommunikation/Diskurs		Individuelle Einstellungen (Bürger*innen)	Individuelle Einstellungen (Eliten)
Quellen	Expert*innenumfragen	Wahlprogramme, Pressemitteilungen etc.	Sprechakte (Wahlkampfreden, Parlamentsreden)	Bevölkerungsumfragen	Eliteumfragen
Beispieldatensatz	Meijers & Zaslove (2021)	Rooduin & Pauwels (2011)	Hawkins et al. (2019)	Akkerman et al. (2014)	Andreadis (2016)

ein „Label" und habe für die Analyse kaum nennenswerte Konsequenzen (ebd.: 11). Populismus ist, das lässt sich nur schwer leugnen, eben auch ein Trendthema.

Auch andere bemängeln Probleme bei der Übertragung des Konzepts auf eine geeignete Messmethode. Wuttke et al. (2020: 358) sprechen hier zum einen vom „theoretischen Import": Der Populismus – genauer: seine einzelnen Attribute – hat starke Überschneidungen mit anderen Konzepten. Auf der Konzeptebene selbst besteht zum anderen das Problem, dass in vielen Studien die verschiedenen Bestandteile populistischer Einstellungen einander kompensieren. Beispielsweise können Personen mit hohen Anti-Establishment-Werten, aber niedrigen Volkszentriertheits-Werten einen ähnlichen Populismus-Score erzielen wie solche, die in beiden Dimensionen mittlere Werte aufweisen. Dies ist mehr als nur ein konzeptionelles Glasperlenspiel, sondern verweist darauf, dass jede Messung von Populismus dessen Multidimensionalität auch ernst nehmen muss, wenn sie den Anspruch erhebt, Populismus – und nicht etwa „nur" Volkszentriertheit – zu messen (ebd.: 371).

Diese Schlaglichter verdeutlichen, dass sich die Forschungsdiskussion verlagert hat. Stand über viele Jahre die theoretische Debatte darüber im Mittelpunkt, was Populismus *ist,* so konzentriert sich die Kritik nun vor allem darauf, wie er empirisch *gemessen* werden kann. Wie jede Wissenschaft, so ist auch die Populismusforschung nicht durch eindeutige Lösungen, sondern durch Disput und Widersprüche gekennzeichnet.

3

Populismus, Demokratie und Krise

Zusammenfassung

- Populismus, insbesondere seine rechtsradikale Spielart, ist tendenziell anti-pluralistisch, weil für ihn der Wille des Volkes nicht durch widerstreitende Interessen gekennzeichnet ist, sondern durch Homogenität. Wer diesem Willen widerspricht, gilt populistischen Akteur*innen als „Feind*in".
- Im Gegensatz zu repräsentativen Demokratien beruht die populistische Demokratiekonzeption auf der unmittelbaren Umsetzung des Volkswillens. Da dieser sich in repräsentativen Demokratien nur mittelbar realisiert, beklagen Populist*innen ein grundlegendes, von den politischen Eliten verursachtes Demokratiedefizit. Sie stellen diesem die Forderung nach einer quasi-organischen Verbindung von Volk und Repräsentant*innen, direktdemokratische Verfahren sowie teilweise den Aufruf zum Widerstand entgegen.

- Populismus beinhaltet ein Krisennarrativ, in der die Demokratie durch die Eliten und deren Politik bedroht ist. Gerade in der COVID-19-Pandemie hat sich der Widerstand vieler rechtspopulistischer Parteien gegen die Maßnahmen der Regierungen zu einer verschwörungstheoretisch aufgeladenen Beschreibung des Status quo als Quasi-Diktatur verdichtet.

Wir haben im vorangegangenen Kapitel gesehen, dass Populismus sich als Haltung definieren lässt, in der ein als homogen gedachtes Volk gegen das vermeintlich korrumpierte politische Establishment mobilisiert werden soll (Mudde 2004). Nur eine Politik, die dem Volkswillen vollständig entspricht und ihn unverfälscht verwirklicht, gilt Populist*innen demnach als demokratisch. Taggart (2004: 269) schreibt daher, dass Populismus die Demokratie herausfordere, zugleich aber die Werte repräsentativer Demokratie zu vertreten beanspruche. Mudde (2021: 579) hat das Verhältnis zwischen Populismus und Demokratie wie folgt auf den Punkt gebracht: „[P]opulism is pro-democracy but anti-liberal democracy." Der Fokus auf die *liberale* Demokratie ist für die weiteren Ausführungen wesentlich. Sie soll in den nachfolgenden Abschnitten erörtert werden.

Moffitt (2020: 94–95) unterscheidet hier zwei Lager. Vertreter*innen der *liberaldemokratischen* Position sehen Populismus im Widerspruch zur liberalen Demokratie. Sie verweisen auf verfassungsstaatliche Prinzipien, die die Selbstabschaffung der Demokratie durch die Einhegung des Volkswillens garantieren sollen. Demgegenüber betonen Exponent*innen des *radikaldemokratischen* Lagers das Potential des Populismus für die Demokratie. Moffitt (ebd.: 100–102) verweist hier vor allem auf die Überlegungen von Laclau (2005: 74), der im Populismus eine politische Logik sieht: eine Art „innere Grenze" in

Demokratien, in denen das Volk von der Macht getrennt ist. Dieser Konflikt ist der Kern des Politischen selbst (ebd.: 169). Zugleich führt die Kluft zwischen Volk und Eliten dazu, dass es für die Umsetzung der Interessen des Volkes keine Garantie gibt. Die Funktion des Populismus ist die Mobilisierung des Volkes zwecks Umsetzung seiner eigenen Interessen. Die Überwindung des Gegensatzes zwischen Volk und Eliten steht nach dieser Auffassung nicht nur nicht im Widerspruch zur Demokratie, sondern *ist* Demokratie. Radikaldemokratische Vertreter*innen verweisen darauf, dass liberale Demokratien den Volkswillen gerade nicht verwirklichen, sondern Konflikte etwa durch Konsenslösungen verbrämen, was zu Unzufriedenheit und Entfremdung führt (Moffitt 2020: 102).

Es versteht sich von selbst, dass die wissenschaftliche und philosophische Debatte um das Wesen der Demokratie an dieser Stelle nicht in ihrer Vollständigkeit abgedeckt werden kann. Das bedeutet auch, dass die folgenden Überlegungen eine Entscheidung darüber spiegeln, was unter „Demokratie" verstanden werden muss. Im Kontext der Populismusforschung hat sich die u. a. von Canovan (2002) gewählte Unterscheidung zwischen zweierlei „Säulen" der Demokratie als fruchtbarer Ansatz erwiesen. Die erste Säule *(popular pillar)* bezeichnet demnach die in Wahlen und Abstimmungen per Mehrheitsregel zur Geltung gebrachte Souveränität des Volkes. Die zweite Säule *(liberal pillar)* bezieht sich auf dessen verfassungsstaatliche Einhegung. Sie ist der Kern dessen, was wir als „liberale Demokratie" bezeichnen: Die Garantie der Rechtsstaatlichkeit *(Rule of Law)*, die Exekutive und Legislative bindet und nicht durch einfachen Mehrheitsbeschluss abgeschafft werden kann (Merkel 2004).

Hier mag man einwenden, dass der Zusatz der „liberalen" Demokratie ein Stückweit irreführend ist, weil sich Verfassungsstaatlichkeit als Garant demokratischer

Ordnung und Volkssouveränität nicht trennen lassen (vgl. Lührmann und Hellmeier 2020: 5). Andererseits lässt sich jedoch die Begrenzung der Souveränität durch über dem einfachen Mehrheitsentscheid stehende Verfassungsgrundsätze – und deren Kontrolle durch die Gerichte – nicht leugnen (Canovan 1999: 7). Hinzu kommt, dass die demokratischen Spielregeln und wechselseitigen Checks and Balances für Laien kaum noch nachvollziehbar sind. Canovan (2004: 245) spricht hierbei vom „demokratischen Paradox": Dieses besteht in der Inklusion der Bürger*innen in die Politik, für die so komplexe institutionelle Arrangements benötigt werden, dass das System intransparent und daher gerade nicht mehr „demokratisch" erscheint. In der Verästelung von (informellen) Verhandlungsstrukturen und Entscheidungsprozessen ist kaum noch auszumachen, von wem die Interessen der Bürger*innen vertreten werden und inwiefern politische Ergebnisse diese Interessen widerspiegeln. So werben Parteien im Wahlkampf mit Vorhaben, für deren Umsetzung sie in allen an legislativen Entscheidungen beteiligten Organen eine Mehrheit bräuchten. Allein in Deutschland umfasst dies mindestens Bundestag und Bundesregierung, aber oft auch den Bundesrat als zweite parlamentarische Kammer. Das Verhältniswahlrecht bringt zudem mit sich, dass nur in seltenen Fällen eine Partei allein die Regierung stellt, sondern es in der Regel zu einer Koalition aus mehreren Parteien kommt. Koalitionsverträge wiederum sind Ergebnisse von Entscheidungsprozessen, in denen viele der im Wahlkampf vorgetragenen Positionen Verhandlungsmasse sind. Auch in präsidentiellen Systemen ist der*die Regierungschef*in für seine*ihre Vorhaben auf Kooperation angewiesen. In den USA kann ein*e gewählter* Präsident*in bis auf wenige Ausnahmen (*executive orders*) ihre*seine Vorhaben nur dann in die Tat umsetzen, wenn sie*er über Unterstützung im Kongress verfügt.

Zusammengefasst steht der Populismus der liberalen Demokratie in dreierlei Weise gegenüber, die in diesem Kapitel erörtert werden sollen:

1. Auf *normativer* Ebene stellt er auf das Spannungsverhältnis zwischen Volkssouveränität und verfassungsstaatlichen Institutionen ab und löst dieses zugunsten absoluter Volkssouveränität auf.
2. Hinsichtlich der *Funktionen* der Demokratie schließt er an das „demokratische Paradox" an und kritisiert die mangelnde Repräsentation des Volkes und eine unzureichende Umsetzung seines politischen Willens.
3. Den Kontrast zwischen dem populistischen Ideal der Demokratie und den Problemen realer Demokratien akzentuiert er in Form einer *Krisenerzählung*, in der die Demokratie selbst permanent durch die politischen Eliten bedroht ist.

3.1 Populismus und liberale Demokratie

Kern jeder Demokratie ist die politische Souveränität der Bürger*innen. In Demokratien verleihen Bürger*innen ihrem Willen in Wahlen und Abstimmungen Ausdruck. Ein latent vorhandener Wille gerinnt also mittels institutionalisierter Verfahren – und teils langwieriger Entscheidungsprozesse – zu allgemein bindenden Gesetzen (vgl. Lane und Ersson 2003: 2). Diese sehr einfache Definition, die den Stellenwert der Souveränität in der Demokratie zum Ausdruck bringt, birgt noch keinen Widerspruch zum Populismus. Einleitend wurde bereits darauf verwiesen, dass Populismus nicht per se antidemokratisch ist, sondern der liberalen Demokratie eine illiberal-demokratische Alternative gegenüberstellt (Mudde 2021). Anders gewendet bedeutet dies, dass der Populismus seine illiberale Position aus einer spezifisch demokratischen Richtung kommend bezieht und nicht etwa, wie andere Ideologien, aus einer genuin antidemokratischen Motivation heraus.

Um dieses komplexe Verhältnis aufzuschlüsseln, sollen drei Aspekte reflektiert werden: der Wille des Volkes, die Form und Ausgestaltung seiner Souveränität sowie deren Beschränkung.

Wille des Volkes: Der „Wille des Volkes" ist ein abstraktes Konzept. Grundsätzlich ist die Gesamtheit der Bürger*innen in einem Gemeinwesen durch unterschiedliche, einander widersprechende politische Interessen gekennzeichnet. Der Wille des Volkes hat sowohl eine zeitliche als auch eine inhaltliche Komponente. Er existiert in der liberalen Demokratie nicht apriorisch, sondern konstituiert sich immer wieder neu und immer wieder anders. Wahlen oder direktdemokratische Abstimmungen produzieren selten hintereinander dasselbe Ergebnis. Politische Macht ist also ein „leerer Ort" (Abts und Rummens 2007: 406). Demokratische Systeme stellen die Institutionen und Prozeduren zur Verfügung, die es ermöglichen, dass dieser „leere Ort der Macht" mit den Mehrheiten gefüllt wird, die zu einem bestimmten Zeitpunkt gelten, und sie halten den Ort insofern offen, als diese Mehrheiten später andere sein können, die dann aber ebenso legitim sind. Temporäre Mehrheiten sind also Ergebnis eines offenen Wettbewerbs unterschiedlicher Interessen.

Liberale Demokratien beruhen demnach auf dem Pluralismus als Strukturprinzip. Dies bezeichnet die Vielfalt und Konkurrenz von Interessen, die Abwesenheit einer feststehenden Idee des Gemeinwohls und das Spannungsverhältnis zwischen Konsens und Konflikt (Oberreuter 1980). Dieser Vielfalt der Interessen stellt der Populismus die Homogenität des Volkswillens entgegen. Das bedeutet allerdings nicht, dass er diesem widersprechende Positionen schlicht ignoriert, sondern vielmehr, dass er sie missbilligt. Mudde (2004: 544) verweist auf den moralischen Charakter des Populismus, der zwischen „gutem" Volk und dessen „schlechten" Feinden trennt: „Opponents are not just people with different priorities and values, they are *evil*! [Hervorhebung im Original]" Wer die – von den Populist*innen vorgebrachten – Positionen des „wahren Volkes" nicht teilt, wird zu Feind*innen erklärt. Dieses Diktum bezieht sich in allen Spielarten des Populismus auf die politischen Eliten. Zusätzlich gehören hierzu gesellschaftliche Gruppen, die je nach ideologischer Form als Gegner *innen präsentiert werden (siehe Kap. 4).

Souveränität: Wir haben eingangs dieses Kapitels bereits gesehen, dass die politische Souveränität der Bürger*innen Kern demokratischer Systeme ist. Unmittelbarer Ausdruck dieser Souveränität ist die Verfassung, die die Grundlage jedes Gemeinwesens bildet. Alle Institutionen und Regeln, die darauf basieren, sind aus dem verfassunggebenden Willen des Volkes abgeleitet (Höreth 2014: 16). Anders ausgedrückt ist das Volk in der Artikulation seines Willens und der Herbeiführung von politischen Entscheidungen souverän im Rahmen der Ordnung, die es sich selbst zu einem bestimmten Zeitpunkt gegeben hat und dessen Regeln den Entscheidungsspielraum zeitlich begrenzter Mehrheiten eingrenzen. Der Populismus re-politisiert die Souveränität des Volkes (vgl. Möller 2019: 432): Für den ihn bedeutet Souveränität vollständige *Kontrolle* des Volkes über die *Durchsetzung* seiner Interessen zu jedem Zeitpunkt. Weil der Populismus nur das homogene und gute Volk selbst als Legitimationsquelle politischen Handelns ansieht, müssen alle Entscheidungen diesem Willen vollends entsprechen. Jegliche Beschränkung geißelt er daher als „undemokratisch".

In repräsentativen Demokratien werden Interessen nicht durch das Volk selbst in seiner Gesamtheit vertreten – mit der Ausnahme meist spärlich gesäter direktdemokratischer Verfahren –, sondern durch Wahlen Repräsentant*innen bestellt, die dann in den Parlamenten bzw. in der Regierung auf Grundlage eines freien Mandats Entscheidungen treffen. Der Volkswille wird also lediglich *mittelbar* durch politische Eliten realisiert. Hier schließt der Populismus an, indem er den Eliten grundsätzlich abspricht, den Willen des Volkes zu kennen oder vertreten zu wollen. Aufgrund deren vermeintlicher Ignoranz und Selbstbezogenheit bleibt der „kleine Mann" entweder ungehört, wird ignoriert oder die Parteien vertreten Positionen, die für die „einfachen Leute" keine Rolle spielen. Den Entscheidungsprozessen innerhalb der demokratischen Institutionen begegnet der Populismus mit Misstrauen; die politischen Eliten in Parlamenten und Regierung stehen im Verdacht, in einer „Black Box" zu Übereinkünften zu kommen, die lediglich ihre eigenen Interessen widerspiegeln. Werden unterschiedliche Positionen sichtbar – etwa durch Debatten im Parlament – so stellen diese lediglich ein Schauspiel dar, das die gemeinsame Agenda des politischen Establishments verschleiert. Deshalb ziehen populistische Akteur*innen auch die beschlossenen Regeln und Gesetze in Zweifel. Die Bandbreite der Reaktionen ist groß; sie reicht von der Schmähung der Beschlüsse als ineffizient oder stümperhaft bis zum Aufruf zum Widerstand. Die Rechtfertigung hierfür liegt in der moralischen Aufladung des Volksbegriffs: Was das Volk will, ist gut, weil das Volk selbst gut ist. Die Tugenden, die der Populismus dem Volk zuschreibt, definieren, was als politisch richtig und wünschenswert gilt. Damit ist die Idee der Volkssouveränität nicht auf den Kernbereich der politischen Entscheidungsfindung in Demokratien beschränkt. Vielmehr handelt es sich um ein universales Prinzip: der Wille des Volkes steht über allem und strahlt damit auch in andere Bereiche aus, in denen die Macht zwischen dem Volk und dem Establishment ungleich verteilt ist. Gerade in den Umwelt- und Gesundheitskrisen der späten 2010er und beginnenden zwanziger Jahre wurde offensichtlich, dass Volkssouveränität im Populismus neben der Dimension politischer Entscheidungsfindungen auch „Souveränität über die öffentliche Wahrheit" bedeutet (Mede und Schäfer 2020: 482–483). Aus dieser Haltung ergibt sich auch die Nähe des Populismus zu Verschwörungstheorien (Castanho Silva et al. 2017).

Um den Willen des Volkes unmittelbar zu verwirklichen, fordert der Populismus daher erstens eine „organische Verbindung" zwischen Volk und Politiker*innen, die dessen Interessen unmittelbar wahrnehmen und mittels imperativen Mandats quasi-plebiszitär umsetzen (Caramani 2017). Zweitens propagieren Populist*innen oft direktdemokratische Elemente (Decker 2006: 27). Drittens setzen sie oftmals auf einen charismatischen Anführer, der innerhalb der Institutionen den Willen des Volkes auch gegen Widerstände durchsetzt (Decker 2004: 33).

Schranken der Souveränität: Ist die Verfassung unmittelbarer Ausdruck der Souveränität des Volkes, seine eigenen Angelegenheiten dauerhaft zu regeln, so muss sie auch die Limitierung des Volkswillens zwangsläufig beinhalten. So bleibt zugleich dessen Souveränität auf Dauer gewahrt. Der Zusatz der „liberalen" Demokratie ist insofern irreführend, als eine Demokratie ohne entsprechende Institutionen permanent gefährdet wäre, keine Demokratie mehr zu sein: einfache Mehrheiten könnten genügen, um die Demokratie selbst abzuschaffen. Auch etwa das Vereinigte Königreich, das keine geschriebene Verfassung kennt – und deshalb, nicht ohne Augenzwinkern, zuweilen als „elective dictatorship"[1] bezeichnet wird – kann sich auf Rechtsdokumente berufen, die Verfassungsqualität haben (etwa die Magna Carta oder die Petition of Right). Dahl (2006: 36) verweist darauf, dass niemand behaupten würde, dass der Volkswille gar nicht beschränkt werden solle – dass die Demokratien sich ad absurdum führen, wenn sie ihre Selbstabschaffung zulassen, ist ein richtiger, gleichwohl trivialer Gedanke. Vielmehr stelle sich die Frage, *wie* der Wille des Volkes begrenzt wird. In einer Abwandlung von Dahls Überlegungen soll hier zwischen drei Schranken unterschieden werden:[2] 1) Gewaltenteilung, 2) Minderheitenrechte und 3) individuelle Zurückhaltung und sozialer Sanktion ihrer Überschreitung (bspw. aufgrund gesellschaftlicher Normen).

- *Gewaltenteilung:* Die Teilung und wechselseitige Kontrolle der Gewalt in Exekutive, Legislative und Judikative ist Prinzip und Garant moderner Demokratien, die die Konzentration politischer Macht begrenzt. Der Populismus richtet sich nicht gegen die formale Trennung der Gewalten, sondern verlangt von allen gleichsam, sich dem Willen des Volkes zu unterwerfen. Ein Abgeordneter der polnischen Partei Recht und Gerechtigkeit (Prawo i Sprawiedliwość; PiS) ließ vernehmen, dass „der Wille des Volkes über dem Gesetz" stehe: „Das Gesetz dient dem Volk. Tut es das nicht, ist es nicht länger das Gesetz." (zit. n. Koncewicz

---

[1] Die Bezeichnung „elective dictatorship" geht auf eine Äußerung des Lordkanzlers Hailsham zurück, der diese in einem BBC-Interview im Jahr 1976 verwendete.
[2] Die ersten beiden Punkte sind bei Dahl (2006: 36) voneinander getrennt, während er Punkt 2 und 3 zusammenfasst.

2020; Übersetzung durch M. L.) Der Wille des Volkes wird hingegen von einer charismatischen Führungspersönlichkeit verkörpert, die sich den herrschenden Eliten als *vox populi* entgegenstellt (Mudde und Rovira Kaltwasser 2017: 383). Die Verabsolutierung der Volkssouveränität im Populismus mündet also in einer Exekutivlastigkeit, in deren extremer Form der Wunsch nach einem*einer starken Anführer*in steht, der*die „durchregiert". An der Macht präsentieren sich Populist*innen als „Volkes Stimme" innerhalb des Systems; die Exekutive wird gleichsam zur „Spitze der Bewegung", die den „Volkswillen" auch gegen die Verfassungsorgane durchsetzen soll.

- *Minderheitenrechte:* Es überrascht nicht, dass zwischen Populismus und Minderheitenrechten potentiell ein Spannungsfeld besteht. Populist*innen meinen eben nicht das ganze Volk im Sinne eines „Staatsvolks", sondern beziehen sich auf jene, die sie aufgrund bestimmter sozio-ökonomischer oder soziokultureller Eigenschaften als das „wahre" Volk erachten. Ob allerdings der Populismus hier tatsächlich eine feindliche Haltung einnimmt, hängt von seiner ideologischen Ausprägung ab (Huber und Schimpf 2017; siehe Kap. 7). Gerade linkspopulistische Parteien nehmen für sich in Anspruch, demokratische und soziale Teilhabe für benachteiligte Gruppen zu öffnen. Demgegenüber ist Anti-Pluralismus ein wesentliches Merkmal des Rechtspopulismus, weil sich dessen Ideologie um die Vorrechte der Autochthonen gegenüber kulturell „Fremden" dreht (Mudde und Rovira Kaltwasser 2013). Wir werden im nächsten Abschnitt sowie in Kap. 4 sehen, dass die Positionierung populistischer Parteien zu Minderheitenrechten nicht nur vom Populismus selbst, sondern auch von der Ideologie abhängt, mit der sich der Populismus verbindet.

- *Normative Schranken:* Demokratie ist im Populismus mit der Verwirklichung des homogenen Volkswillens gleichzusetzen; Beschränkungen gelten als „undemokratisch". Schranken des Volkswillens liegen in ebendiesem Volkswillen selbst begründet: das Volk mäßigt sich, wenn es seinen Interessen entspricht. Die Gefahr der Abschaffung der Demokratie durch das Volk selbst spielt im Populismus deshalb keine Rolle, weil er die Ausübung des homogenen Volkswillens mit der Demokratie selbst gleichsetzt. Seine normative Grundierung findet dieses Denken in der moralischen Überhöhung des Volkes: Was das Volk tut, ist immer „gut" und im Sinne der Demokratie. Ein Exempel dafür ist, dass die Republikanische Partei in den USA den Sturm auf das Kapitol vom 6. Januar 2021 als Ausdruck des „normalen politischen Diskurses" versteht (Weisman und Epstein 2022).

Tab. 3.1 fasst die Ausführungen dieses Abschnitts zusammen. Wir sehen, dass die populistische Demokratiekonzeption vom liberalen Demokratiebegriff deutlich abweicht. Das populistische Verständnis von Demokratie geht von einem apriorischen Gemeinwohl aus, das es lediglich zu erfüllen gilt und dessen Kern ein homogener Volkswille ist (Caramani 2017). Dieser Wille bildet im Gegensatz zur liberalen Demokratie nicht in einem offenen Wettbewerb stetig neu, sondern wird von den Populist*innen selbst lediglich proklamiert. Die Souveränität des Volkes gilt absolut und soll unmittelbar umgesetzt werden. Schranken findet sie in den Institutionen des Verfassungsstaats allenfalls formal: Die Institutionen bleiben bestehen, sollen aber allesamt demselben Volkswillen folgen. Im folgenden Abschnitt wollen wir betrachten,

Tab. 3.1 Liberale Demokratie und populistische Demokratie

	Liberale Demokratie	Populistische Demokratie
Gemeinwohl	Intern	Extern
	Subjektiv	Objektiv
Wille des Volkes	Heterogen	Homogen
Artikulation des Volkswillens	Wettbewerb	Proklamation
Souveränität	Mittelbar	Unmittelbar
	Begrenzt	Absolut
Schranken der Souveränität	Normativ	Formal
	Gewaltenteilung	
	Minderheitenrechte	

Eigene Darstellung, teilw. auf Basis von Caramani (2017: 61); Dahl (2006: 34–62).

inwiefern illiberale Demokratiekonzeptionen die populistischen Parteien in Europa kennzeichnen.

3.2 Positionen populistischer Parteien zur liberalen Demokratie

Wir betrachten im Folgenden die Positionen von Parteien in Europa zu drei Aspekten der liberalen Demokratie: den ihr zugrundeliegenden Prinzipien und Normen, institutioneller Kontrolle der Regierung sowie ethnische Minderheitenrechte. Hierfür werden die Daten des Global Party Survey (Norris 2019) herangezogen. Abb. 3.1 veranschaulicht zunächst, inwiefern die Ablehnung liberaldemokratischer Prinzipien und Normen durch eine Partei tatsächlich mit dem Populismus der Partei zusammenhängt. Die Erwartung wäre hier, dass eine besonders populistische Partei sich auch deutlich illiberal positioniert. Auf der x-Achse ist jeweils der Grad populistischer Rhetorik für jede Partei abgetragen.

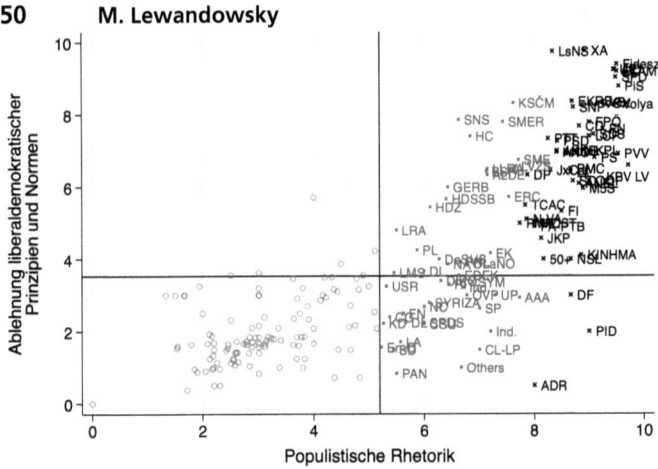

Abb. 3.1 Populismus und Ablehnung liberaldemokratischer Prinzipien und Normen durch Parteien in Europa. (Eigene Darstellung. Daten: Global Party Survey (Norris 2019))

Parteien am rechten Ende treten stark populistisch auf, Parteien im linken Bereich kaum oder gar nicht.[3]

Auf der y-Achse wird der Grad der Ablehnung demokratischer Prinzipien und Normen betrachtet. Diese reicht von 0 (volle Unterstützung liberaldemokratischer Prinzipien und Normen) bis 10 (volle Ablehnung). Je weiter oben eine Partei auf dieser Achse steht, desto illiberaler ist sie also in diesem Sinne. Hier zeigt sich ein signifikanter (also: wahrscheinlich nicht zufälliger), und

---

[3] Hierbei handelt es sich um eine metrische Variable, die zudem außer dem Minimal- bzw. Maximalwert (0 bzw. 10) keinen Schwellenwert kennt, mittels dessen sich zwischen populistischen und nicht-populistischen Parteien unterscheiden ließe. Es werden vielmehr relationale Aussagen darüber getroffen, welche Parteien im Vergleich besonders von populistischer Rhetorik (hohe Werte) oder pluralistischer Rhetorik (niedrige Werte) geprägt sind. Zu Illustrationszwecken sind nur die Abkürzungen jener Parteien angegeben, deren Populismuswert bis zu einer Standardabweichung (grau) bzw. mehr als eine Standardabweichung (schwarz) über dem Mittelwert liegt. Die vertikale bzw. horizontale Linie kennzeichnet die Mittelwerte aller Parteien für die jeweiligen Variablen.

starker Zusammenhang (Pearson's $r = 0{,}81$).[4] Mit anderen Worten: je populistischer eine Partei auftritt, desto feindlicher steht sie den Prinzipien und Normen der liberalen Demokratie gegenüber und desto mehr versucht sie, diese zu unterminieren. Jenseits dieses allgemeinen Befundes gibt es jedoch auch eine gewisse Heterogenität. So existiert eine ganze Reihe von Parteien, die von populistischer Rhetorik starken Gebrauch machen, aber die liberale Demokratie nicht ablehnen. Hierzu gehören etwa die Dänische Volkspartei (DF), die luxemburgische Alternative Demokratische Reformpartei (ADR) sowie die griechische SYRIZA.

Nach demselben Prinzip wird in Abb. 3.2 als nächstes das Verhältnis zwischen dem Populismus und der Befürwortung des Regierens durch eine starke Führungspersönlichkeit betrachtet *(Strongman Rule)*, was die Ablehnung institutioneller Gewaltenteilung *(Checks and Balances)* nach der Codierung des Global Party Survey impliziert. Auch hier lässt sich ein starker Zusammenhang erkennen ($r = 0{,}70$): Je stärker der Populismus, desto deutlicher der Ruf der jeweiligen Partei nach einem*einer starken Anführer*in, der*die ohne Beschränkungen entscheiden kann. Besonders ausgeprägt ist dies etwa bei der ungarischen Fidesz, der kroatischen Heimatbewegung (Domovinski pokret, HC) und der griechischen Goldenen Morgenröte (Χρυσή Αυγή, XA)[5], in anderen populistischen Parteien, wie den Finnen (PS), den Schwedendemokraten (SD) oder der slowakischen Parteien „Gewöhnliche Leute und unabhängige Personen"

---

[4] Pearsons Korrelationskoeffizient r misst den linearen Zusammenhang zwischen zwei Variablen. Es reicht von -1 (perfekt negativer Zusammenhang) bis $+1$ (perfekt positiver Zusammenhang).

[5] Trotz des Gebrauchs populistischer Rhetorik handelt es sich bei der XA allerdings nicht um eine genuin populistische, sondern eine neofaschistische Partei (bspw. Miliopoulos 2022).

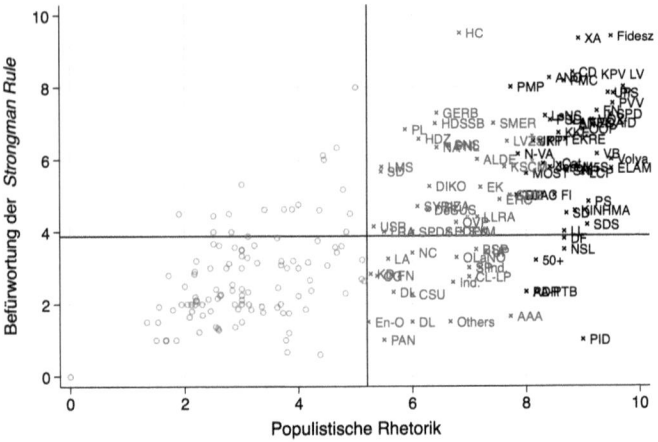

Abb. 3.2 Populismus und Befürwortung der *Strongman Rule* durch Parteien in Europa. (Eigene Darstellung. Daten: Global Party Survey (Norris 2019))

(Obyčajní ľudia a nezávislé osobnosti, OĽaNO) hingegen weniger deutlich.

Für die Messung des Zusammenhangs zwischen Populismus und Pluralismus wird eine Variable ausgewählt, die die Unterstützung ethnischer Minderheitenrechte durch Parteien misst (Abb. 3.3). Wenngleich dies nicht den Pluralismusgrad einer Partei in Gänze abbildet (etwa, weil auch politische, religiöse, sexuelle Minderheiten berücksichtigt werden müssten), so ist anzunehmen, dass eine negative Einstellung zu Minderheitenrechten ein starker Indikator für Anti-Pluralismus ist. Die Daten zeigen hier einen deutlichen Zusammenhang ($r=0{,}63$) bei großer Streuung. Zum einen sind einige Parteien ohne starkes populistisches Profil in jener Gruppe zu finden, die sich gegen ethnische Minderheitenrechte positionieren. Zum anderen ist die Gruppe der populistischen Parteien in dieser Hinsicht heterogen. Auf der einen Seite stehen jene, die zu ethnischen

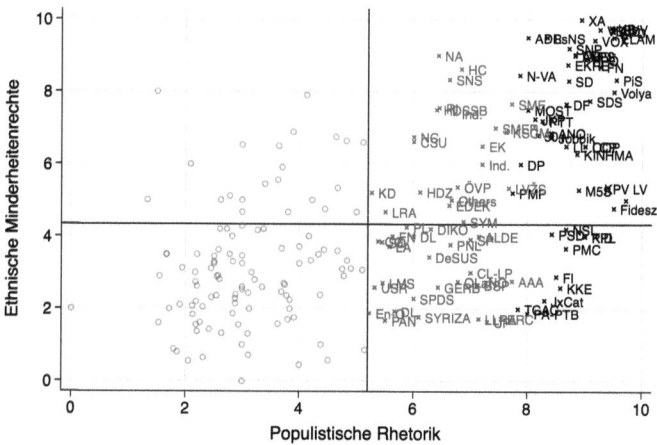

Abb. 3.3 Populismus und Ablehnung ethnischer Minderheitenrechte durch Parteien in Europa. (Eigene Darstellung. Daten: Global Party Survey (Norris 2019))

Minderheitenrechten eine negative Position einnehmen (bspw. spanische VOX, AfD, PVV). Auf der anderen Seite finden wir aber auch populistische Parteien vor, die sich als Befürworterinnen ethnischer Minderheitenrechte positionieren (z. B. SYRIZA). Die „Mittelposition" der rechtspopulistischen Fidesz erscheint erklärungsbedürftig. Sie dürfte darauf zurückzuführen sein, dass die Partei zwar einerseits den in der Verfassung verankerten Schutz von Minderheiten abgebaut hat, sich aber speziell für die Rechte ungarischer Minderheiten in Nachbarländern einsetzt (Greskovits 2020).

Diese vorangegangenen Ausführungen haben gezeigt: Allgemein gesprochen geht ein starkes populistisches Profil einer Partei auch mit einer Ablehnung liberaldemokratischer Normen, dem Ruf nach einer dominanten Persönlichkeit mit unbegrenztem Führungsanspruch an der Spitze der Regierung und der Zurückweisung ethnischer Minderheitenrechte einher. Doch nicht alle populistischen Parteien – oder solche, die zeitweise so auftreten – richten sich auch in gleichem Maße gegen die Prinzipien der liberalen Demokratie. Diese Varianz erklären verschiedene Studien durch die Wirtsideologie (Huber und Schimpf 2017; Rooduijn und Akkermann 2017). Auf diese ideologischen Unterschiede soll in Kap. 4 detaillierter eingegangen werden.

3.3 Populismus als Krisennarrativ

Weil sie den demokratischen Status quo als von korrupten politischen Eliten beherrscht sehen, beschreiben Populist*innen die Situation des Volkes als prekär und bedroht (Rooduijn 2014: 576). Das kann sich, oftmals bedingt durch die Ideologie, an die der Populismus anschließt (siehe Kap. 4), auf die Identität des Volkes beziehen, aber auch auf die wirtschaftliche Lage. Externe Krisen politisiert der Populismus, indem er komplexe Ereignisse durch Benennung vermeintlich Schuldiger zum einen personalisiert, zum anderen politisch auflädt (vgl. Bobba und Hubé 2021). Weil sie auf das vermeintliche Unvermögen, die Abgehobenheit, die Korrumpiertest der Eliten abstellt, bezieht sich die populistische Krisenerzählung im Kern immer auf den Zustand der Demokratie selbst. Wie genau jedoch stellt sich die demokratische Krise aus Sicht des Populismus dar?

Erstens beklagen Populist*innen eine *Funktionskrise* der Demokratie, indem sie behaupten, dass der Dualismus zwischen Regierung und Opposition aufgehoben sei, weil beide gemeinsame Sache machten. Eine Rede, die der ehemalige Bundessprecher der AfD Bernd Lucke 2013 in Weinheim hielt, vermag dies zu illustrieren:

„Keine [der anderen Parteien, M. L.] hat den Mut die Ursachen zu benennen. Schauen wir uns an, was sie zur Eurokrise zu sagen haben: Schauen wir zunächst auf die Opposition: Deren ureigenste Aufgabe ist es doch, Gegenentwürfe zur Regierungspolitik zu formulieren. Aber weit gefehlt, meine Damen und Herren. Die Bundesregierung hat als Regierung versagt, aber die Opposition hat als Opposition versagt, wie eine Opposition schlimmer nicht versagen kann! […] wenn es so zugeht, dann ist etwas faul an der Opposition. Um nicht zu sagen: Die Opposition ist faul!" (zit. n. Berbuir et al. 2015: 177).

In diesem Beispiel wird der Opposition absolutes Versagen vorgeworfen. Inkompetenz kann eine der Ursachen sein, die Populist*innen für das Fehlen einer effektiven Opposition ins Feld führen. Ein anderer, weitaus substanziellerer Grund ist die Herausbildung einer politischen „Kaste", die gemeinsame Interessen verfolgt. Selbst wenn es noch eine Opposition gibt, so führt sie letztlich ein Bühnenstück auf, während sie mit der Regierung längst „gemeinsame Sache macht". In diesem Fall ist die vermeintliche Bedrohung der Demokratie wesentlich stärker, weil sich ein Kartell herausgebildet hat, das von „außen" bekämpft werden muss. Folglich präsentieren sich die Populist*innen selbst als einzig wahre Opposition, während alle anderen gewissermaßen „unter einer Decke stecken". Auf den ersten Blick scheint die Bemängelung einer Krise der Gewaltenteilung im Widerspruch zum der im vorigen Abschnitt ausgeführten Verabsolutierung der Volkssouveränität zu stehen. Bei genauerem Hinsehen entpuppt sie sich aber nicht als Wunsch nach der Ausdifferenzierung von Macht, sondern dient der Schmähung des gesamten politischen Establishments und der Selbstdarstellung als „champions of the people" .

Zweitens proklamieren Populist*innen eine Krise der *Repräsentation*. Dies deutete sich in Abschn. 3.3 bereits an. Ohne sich in Details der Repräsentationstheorie zu verlieren, lassen sich mit Pitkin (1967) verschiedene Verständnisse dieses Begriffs konzeptualisieren, die Populist*innen in ihrer Krisenbeschreibung jeweils adressieren. So lässt sich zunächst feststellen, dass Populist*innen zeitgenössischen Demokratien einen Mangel an substanzieller Repräsentation diagnostizieren. Damit ist gemeint, dass die politischen Eliten Entscheidungen treffen (sollen), die den Willen der Bürger*innen reflektieren. Aus Sicht des Populismus ist dies nicht der Fall. Da die politische Elite sich vom Volk abgekoppelt hat und nur ihre eigenen Interessen verfolgt, werden verbindliche Regelungen zum einen in der „Black Box" getroffen; zum anderen dienen sie entweder den Interessen des politischen Establishments selbst oder gehen mangels Kontaktes zum „kleinen Mann" an den Interessen des Volkes vorbei. So schreibt etwa die PVV in ihrem Programm zur niederländischen Parlamentswahl 2010:

„Bei vielen Problemen, die die Niederlande heimsuchen, kann man die gleiche Diagnose stellen: die Eliten sind losgelöst von der Realität und treffen eigenmächtig Entscheidungen, durch die es der Bevölkerung nicht besser geht. […] Stehen wir dem machtlos gegenüber? Müssen wir tatenlos dabei zusehen, wie alles, was uns wichtig ist, von einer hemmungslosen Elite durch den Dreck gezogen wird?" (PVV 2010: 5)[6]

---

[6] Die Übersetzung dieses und anderer Wahlprogramme wurde im Kontext eines von der Bonner Akademie für Forschung und Lehre praktischer Politik (BAPP) geförderten Projektes durch ein Übersetzungsbüro vorgenommen (siehe Franzmann & Lewandowsky 2020).

Gleichwohl entspricht nicht jede Kritik an Fehlentscheidungen „an den Bürger*innen vorbei" einer populistischen Krisenbeschreibung. Tatsächlich ist Responsivität, also die Rückkopplung an die Interessen der Bürger*innen, ein integraler Bestandteil von Demokratien. Responsivität bedeutet aber gerade, dass politische Entscheidungen nicht vorbestimmt sind, sondern offen für wechselnde Interessenlagen. Im Populismus geht es hingegen darum, dass von politischen Repräsentant*innen erwartet wird, den homogenen Volkswillen verinnerlicht zu haben und sich ihm von vornherein zu unterwerfen. Damit rückt die Identität der Repräsentant*innen in den Fokus. Populist*innen attestieren der politischen Elite mangelnde symbolische und deskriptive Repräsentation des Volkes. Auf der einen Seite bezweifeln sie also, dass die Eliten die „Tugenden" des Volkes verkörpern, womit, wie oben ausgeführt, weniger moralische Reinheit gemeint ist als „Unschuld" in dem Sinne, dass das Volk – und damit auch seine Repräsentant*innen – nicht von der Macht korrumpiert sein soll (Urbinati 2019: 62). Auf der anderen Seite stellen sie heraus, wie sich die Eliten aufgrund ihrer sozialen Herkunft und durch ihren Habitus vom „Volk" unterscheiden. Dieser Mangel an symbolischer und deskriptiver Repräsentation markiert aus populistischer Perspektive eine Krise der Demokratie, weil sich die Verwirklichung des Volkswillens und die Identität der Repräsentant*innen nicht voneinander trennen lassen. Responsivität ist das Ergebnis von Repräsentativität: Denn nur, wer das Volk „versteht" und seine Interessen teilt, kann auch in seinem Sinne handeln (vgl. Müller 2017b: 189).

Diese Mängel kumulieren drittens in einer umfassenden *Legitimationskrise* der Demokratie, die die Populist*innen mit drastischen Worten beschreiben. Die politischen Eliten sind nicht einfach „abgehoben", sondern betreiben den Umbau des Systems zu einer Quasi-Diktatur, die zum Teil bereits verwirklicht worden sei. Im Kontext der Maßnahmen gegen die COVID-19-Pandemie sprach der PVV-Parteivorsitzende Geert Wilders etwa vom „schrecklichen Corona-Gesetz", das „die Rechte der niederländischen Bürger beschränkt und die Anderthalb-Meter-Diktatur des Premierministers [Mark Rutte] rechtlich verankert" (zit. n. de Lange 2022; Übersetzung durch M.L.). Die Kritik konzentriert sich hier vor allem auf den vermeintlich ungerechtfertigten Entzug von Freiheitsrechten, als deren Verteidiger die Populist*innen sich präsentieren. Diese Strategie zeigt sich auch bei anderen Parteien, etwa der AfD (Lehmann und Zehnter 2022). Dieses Narrativ ist jedoch nicht neu, sondern konnte bereits während der europäischen Wirtschafts- und Finanzkrise beobachtet werden (siehe Tab. 3.2). Hier warnte die AfD vor einem „bürgerfernen Kunststaat", der ohne demokratische Legitimation und mittels überbordender Bürokratie in das Leben der Bürger*innen hineinregiere und ihre Souveränität beschneide (Ketelhut et al. 2016). Der gemeinsame Nenner dieser spezifischen Krisenerzählung ist eine von den Eliten ausgelöste Verfassungskrise im weitesten Sinn, in der staatliches Handeln delegitimiert wird und gegen die Populist*innen – verstärkt in der COVID-19-Pandemie – zum Teil zum offenen Widerstand aufrufen.

Die tatsächlichen Krisen der letzten Jahre – Eurokrise, Flüchtlingsbewegungen, Klimakrise und COVID-19-Pandemie – haben die populistischen Parteien im Lichte eines verbindenden Motivs gedeutet: Die Demokratie – verstanden als die unmittelbare Herrschaft des wahren und homogenen Volkes – ist in Gefahr, und die Populist*innen schicken sich an, als deren Retter*innen aufzutreten. Die

Tab. 3.2 Elemente populistischer Krisennarrative

Funktionskrise	Repräsentationskrise	Legitimationskrise
Versagen der Opposition als Kontrollorgan Regierung und Opposition als gemeinsames Kartell	Substanziell: Politische Eliten nehmen Interessen des Volkes nicht wahr oder unterlaufen sie Symbolisch: Politische Eliten als „unmoralisch", nicht die Tugenden des Volkes verkörpernd Deskriptiv: Politische Eliten als elitär (Milieu, Habitus, Bildungsgrad etc.)	Quasi-autokratisches Regieren Entzug von Freiheitsrechten Verfassungskrise

Eigene Darstellung.

Krisenperformanz populistischer Parteien folgt einem bestimmten Kommunikationsmuster (im Folgenden Moffitt 2015: 198–208):[7]

1. *Identifizierung von Versagen:* Populist*innen reduzieren komplexe Probleme auf klar benennbare Schuldige. In Krisen identifizieren sie eine bestimmte Gruppe, denen Versagen vorgeworfen wird. Dabei handelt es sich in der Regel um die politischen Eliten oder um bestimmte Gruppen innerhalb des politischen Establishments. In der Eurokrise etwa warf die AfD der Bundesregierung

---

[7] Der Einfachheit halber wurden Moffitts Bezeichnungen sinngemäß übersetzt. Im englischsprachigen Original lauten sie wie folgt: (1) Identify failure, (2) Elevate to the level of crisis by linking into a wider framework and adding a temporal dimension, (3) Frame 'the people' vs. those responsible for the crisis, (4) Use media to propagate performance, (5) Present simple solutions and strong leadership, (6) Continue to propagate crisis.

vor, eine fehlgeleitete Euro-Währungspolitik zu verantworten, die die deutschen Steuerzahler*innen belaste (Ketelhut et al. 2016: 296).

2. *Überhöhung und Einbettung in ein umfassendes Krisennarrativ:* Das vermeintliche Versagen der politischen Eliten wird in ein umfassenderes und grundsätzlicheres Krisennarrativ eingebettet. Probleme bei der Aufnahme und Integration von Geflüchteten, Maßnahmen gegen die Ausbreitung des Coronavirus werden als Beweise für die grundsätzliche Inkompetenz der Regierenden oder gar für deren Bestreben, eine Diktatur zu errichten, herangezogen. Hinzu tritt ein Moment der Dringlichkeit: die Natur und Auswirkungen der Krise erfordern demnach sofortiges und effektives Handeln. Die Langsamkeit politischer Entscheidungsprozesse, die Verhandlungssystemen schlicht gegeben sind, gelten Populist*innen als Nachweis für die Ignoranz und Ineffizienz der politischen Eliten.

3. *„Das Volk" gegen die Verursacher der Krise:* Weil die von den Populist*innen ausgemachte Krise das einfache Volk am meisten schädigt, soll es gegen deren Verursacher*innen in Stellung gebracht werden. Dabei kann es sich beispielsweise um Migrant*innen oder Geflüchtete handeln. Die Gruppe der Verursacher*innen unterscheidet sich also von jener der politisch Verantwortlichen. Beide bilden jedoch eine funktionale Gemeinschaft: während bestimmte soziale Gruppen als ursächlich für die Krise verantwortlich gemacht werden – etwa die Geflüchteten für die sogenannte „Flüchtlingskrise" der Jahre 2015 und 2016 – so lautet der Vorwurf an die politischen Eliten, in der Steuerung der Krise versagt zu haben oder sie gar begünstigen zu wollen. Das wird etwa dann deutlich, wenn Rechtspopulist*innen eine „Migrationskrise" ausmachen und unterstellen, dass das politische

Establishment ein Interesse daran hätte, „Umvolkung" zu betreiben oder die „Islamisierung" zu befördern. Die doppelte und zugleich verbundene Feindschaft gegenüber bestimmten sozialen Gruppen und den politischen Eliten schafft zugleich die Identität des Volkes, die die Populist*innen wiederum als prekär portraitieren (Moffitt 2015: 201).

4. *Mediennutzung:* Um ihr Krisennarrativ zu verbreiten, nutzen Populist*innen ihren Zugang zu Massenmedien. Voraussetzung dafür ist, dass sie bereits über eine gewisse Relevanz verfügen, also zumindest im Parlament vertreten sind. In ihren medialen Auftritten geben sich die Populist*innen möglichst schrill und provokativ und beschreiben den krisenhaften Zustand des Gemeinwesens in möglichst drastischen Worten. Die Medien wiederum profitieren vom Auftreten der Populist*innen, weil sie deren Nachfrage nach möglichst interessanten, auch skandalösen Ereignissen befriedigen (bspw. Meyer 2006). Den Ausführungen Moffitts (2015: 203–204) muss hinzugefügt werden, dass populistische Akteur*innen insbesondere in den letzten Jahren verstärkt soziale Medien genutzt haben, um ihre Botschaft zu verbreiten. Die Logik sozialer Medien begünstigt die Taktik der Populist*innen (Gerbaudo 2018): Zum einen lassen sich Unterstützer*innen praktisch filterlos direkt ansprechen, womit sich der Eindruck einer gegen die Verantwortlichen der Krise verschworenen Gemeinschaft erwecken lässt. Zum anderen können populistische Parteien und Politiker*innen in den sozialen Medien über zahlreiche Likes, geteilte Posts und Tweets sowie positive Kommentare für sich in Anspruch nehmen, eine Bewegung „aus dem Volk heraus" anzuführen, deren wahre Größe durch die Massenmedien lediglich verschwiegen werde.

5. *Einfache Lösungen und starke Anführer:* Zur Bekämpfung der Krise setzen Populist*innen zum einen auf einfache Lösungen und Common-Sense-Argumente. Mit Decker (2004: 35) handelt es sich hierbei um eine „Gleichsetzung von individueller und kollektiver Moral", in der die Tugenden der „normalen Leute" wie Sparsamkeit oder einfache Vorstellungen von Gerechtigkeit auf die politische Sphäre übertragen werden. Zugleich sind diese Lösungen oftmals radikal, versprechen vollständige Beseitigung der Verursacher*innen und Bestrafung der vermeintlich Schuldigen (Moffitt 2015: 206). Dabei ignorieren Populist*innen oftmals Fragen des politisch Machbaren, und Verweise etwa auf verfassungsrechtliche Schranken oder mildere Mittel gelten ihnen als Feigheit oder gar Sympathie mit den Gegner*innen. Die Bedrohung des Volkes durch die Krise und die klare Identifikation von Schuldigen und Verursacher*innen rechtfertigen radikale Mittel, die nur jene ablehnen, der nicht auf der Seite des „wahren Volkes" stehen.
6. *Perpetuieren der Krise:* Populist*innen haben ein Interesse daran, den Eindruck der Krise dauerhaft aufrechtzuerhalten. Allerdings haben sie auf die Salienz des Themas nur begrenzt Einfluss. Eurokrise, Flüchtlingsbewegungen und die Klimakrise sind in der öffentlichen Wahrnehmung nicht immer gleich wichtig. Um dem zu begegnen, stehen den Populist*innen zwei Taktiken zur Verfügung (Moffitt 2015: 207–208). Erstens können sie die Krisenkommunikation beibehalten, aber das Thema verändern. Das lässt sich am Beispiel der AfD nachvollziehen. Ihre Gründung stand im Zeichen der europäischen Wirtschafts- und Finanzpolitik, wobei sie der Bundesregierung und den europäischen Institutionen Versagen und Politik gegen die Interessen der eigenen Bevölkerung

unterstellte, während sie ab 2015 auf Flüchtlingsbewegungen fokussierte, durch die sie die Sicherheit der Bevölkerung und der staatlichen Grenzen gefährdet sah. Während der COVID-19-Pandemie sah die AfD in den Maßnahmen von Bundes- und Landesregierungen (bspw. Maskenpflicht, Lockdown) Anzeichen einer sich etablierenden Diktatur (Lewandowsky et al. 2022a). Gleichzeitig stellt die AfD damit ein Beispiel für die von Moffitt (2015: 207) identifizierte zweite Taktik dar: die Ausweitung und Vertiefung der Bedrohungslage. Ging es in der Anfangsphase der Partei um ein Versagen der Regierung in der Euro-Rettungspolitik, ssso entwickelte sich im Umfeld der Partei bereits im Kontext der Flüchtlingspolitik das Bild der „Merkel-Diktatur", das in der Corona-Pandemie die Kommunikation der AfD dominierte (Lewandowsky et al. 2022a).

4
Populismus und politische Ideologien

Zusammenfassung

- Populismus kann sich mit verschiedenen „Wirtsideologien" verbinden. Während der Großteil populistischer Parteien insbesondere in Europa zur radikalen Linken oder Rechten gezählt werden kann, gibt es auch viele populistische Parteien anderer ideologischer Färbung.
- Rechtspopulistische Parteien beruhen auf einem exklusiven Verständnis des Volkes, das nur ethnisch bzw. kulturell Zugehörige einschließt. Gleichzeitig wenden sie sich in aller Regel gegen progressive Gesellschaftspolitik, etwa in der Klima- oder Geschlechterpolitik sowie im Bereich sexueller Identität.
- Linkspopulistische Parteien sind im radikalen Spektrum links der Sozialdemokratie angesiedelt. Basierend auf einem inklusiven Volksbegriff richtet sich ihre Ideologie auf die Einbindung und Emanzipation sozial marginalisierter Gruppen.

Nach der in Kap. 2 vorgestellten Minimaldefinition von Mudde (2004) handelt es sich bei Populismus nicht um eine komplexe Weltanschauung, sondern um ein Kernkonzept, das an verschiedene Ideologien anschließen kann. Das bedeutet, dass Populismus in unterschiedlichen ideologischen Gewändern auftritt, hauptsächlich als rechter oder linker Populismus. Parteien wie die AfD oder die FPÖ gelten gemeinhin als rechtspopulistisch; die griechische SYRIZA oder die spanische Podemos werden als linkspopulistisch eingeordnet. Demgegenüber entziehen sich einige populistische Parteien einer eindeutigen ideologischen Typisierung. Das gilt beispielsweise für die italienische Fünf-Sterne-Bewegung (M5S), aber auch – wenngleich aus anderen Gründen – für die tschechische ANO 2011.

Abb. 4.1 skizziert das Verhältnis von Populismus und „Wirtsideologie". Der Populismus selbst ist durch den Rekurs auf das „Volk" und dessen Abgrenzung gegenüber den politischen Eliten definiert. Welches Attribut wir dem Populismus geben (bspw. „rechts" oder „links") hängt davon ab, mit welcher Ideologie er sich verbindet. Als „dünne" Ideologie ist der Populismus supplementäres Merkmal dieser größeren Weltanschauung (Decker und

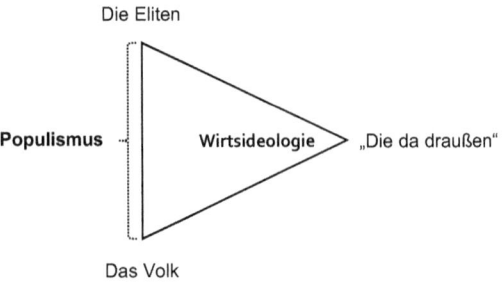

Abb. 4.1 Populismus und Wirtsideologie. (Eigene, erweiterte Darstellung angelehnt an Berbuir et al. (2015: 157))

Lewandowsky 2012). Zugleich wirkt die Wirtsideologie in den Populismus hinein. Sie prägt die Identität des Volkes, auf das er sich bezieht. Eine linke Partei wird unter dem „wahren Volk" andere Gruppen verstehen als eine rechte Partei, während die moralische Überhöhung des Volksbegriffs grundsätzlich vergleichbar ist. Dies wird durch die von Mudde und Rovira Kaltwasser (2013) entwickelte Unterscheidung zwischen „inklusivem" *(inclusionary)* und „exklusivem" *(exclusionary)* Populismus deutlich. Inklusive Varianten des Populismus, die vor allem in Lateinamerika und Südeuropa zu finden sind, öffnen den Volksbegriff für ökonomisch oder in der Gesellschaft marginalisierte Gruppen und streben deren Emanzipation und politische Beteiligung an. Exklusive Spielarten hingegen stellen auf die Vorrechte der autochthonen Bevölkerung gegenüber den „Fremden" ab. Inklusive Varianten sind im linkspopulistischen Feld zu finden, während exklusive Formen mit dem Rechtspopulismus gleichgesetzt werden. Die Unterscheidung zwischen „inklusiv" und „exklusiv" bezieht sich jedoch lediglich auf die Ausweitung oder Verengung der Gruppe, die das Volk ausmacht, nicht auf eine vermeintliche Abwesenheit der Freund-Feind-Logik, die den Populismus prägt. Jede Spielart des Populismus nimmt für sich in Anspruch, den Willen des „wahren" Volkes zu vertreten, aber wer zu diesem „wahren Volk" gehört, variiert. Wenn Populist*innen vom „Volk" sprechen, meinen sie gerade nicht „alle", sondern nur jenen Teil, der für sie dessen „wahren" Kern ausmacht, während andere Gruppen als „Feind*innen" des Volkes gelten (Müller 2017a: 593).

Abb. 4.2 zeigt jeweils den Populismusgrad der Parteien sowie deren wirtschaftspolitische (linke Grafik) bzw. ihre gesellschaftspolitische Positionierung (rechte Grafik). Dabei handelt es sich um die beiden ideo-

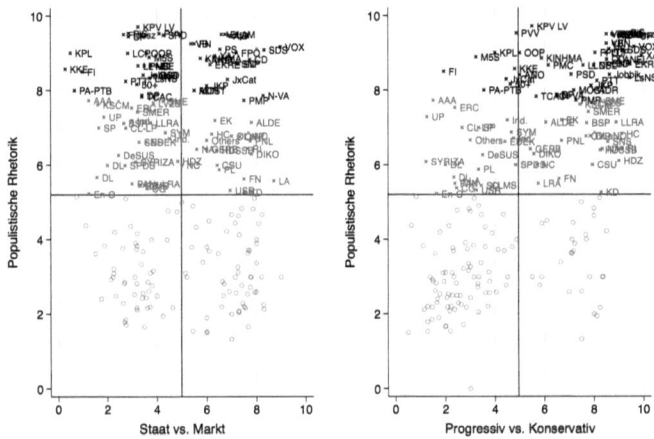

Abb. 4.2 Wirtschaftspolitik, Gesellschaftspolitik und Populismus in europäischen Parteien. (Eigene Darstellung. Datengrundlage: Global Party Survey (Norris 2019))

logischen Hauptdimensionen des Parteienwettbewerbs in Europa.[1] Auf beiden Dimensionen sehen wir deutliche Unterschiede. Weder sind populistische Parteien durch eine eindeutige ökonomische noch durch eine einheitliche gesellschaftspolitische Positionierung gekennzeichnet. Es gibt sowohl wirtschaftsliberale als auch staatsorientierte sowie progressive und konservative populistische Vertreterinnen. Muster lassen sich hingegen in der Kombination dieser Dimensionen erkennen. So findet man etwa Parteien, die man dem Rechtspopulismus zuordnet, sowohl auf der marktorientierten Seite des Spektrums (spanische VOX) als auch links der Mittelposition (PVV). Die rechte Grafik zeigt, dass

---

[1] Kenntlich gemacht sind zu Anschauungszwecken jeweils wieder die Parteien, deren Nutzung populistischer Rhetorik mehr als eine Standardabweichung über dem Populismus-Mittelwert aller Parteien liegt.

linkspopulistische Parteien vor allem im gesellschaftlich progressiven Spektrum anzutreffen sind (SYRIZA, Podemos), während rechtspopulistische Parteien großteils extrem konservative Positionen einnehmen.

Gemeinhin bildet die wirtschaftspolitische Position also kein geeignetes Unterscheidungsmerkmal zwischen Links- und Rechtspopulismus. Während sich die beiden Typen klar mit Blick auf ihre soziokulturellen Inhalte unterscheiden, können sie sich etwa mit Blick auf die Bejahung wohlfahrtsstaatlicher Leistungen oder der Rolle des Staates in der Ökonomie ähneln. In den folgenden Abschnitten sollen linke und rechte sowie andere ideologische Spielarten des Populismus im Detail dargelegt werden.[2]

4.1 Rechtspopulismus

Nach der gängigen Definition von Mudde (2007: 23–24) bezeichnet Rechtspopulismus eine Kombination aus drei Elementen: Populismus, Nativismus und Autoritarismus. Während Populismus bereits in Kap. 2 definiert wurde, bedürfen die beiden anderen Begriffe einer Erläuterung (Mudde 2010: 1173–1174): Der Begriff des Autoritarismus bezeichnet hier „das Festhalten an traditionellen Moralvorstellungen und den Glauben an die hierarchische Gliederung der Gesellschaft" (Decker und Lewandowsky 2012: 271), innerhalb derer Regelabweichungen mit harten Strafen geahndet werden. Mit Nativismus ist eine Ideologie gemeint, die die vermeintlichen Vorrechte der autochthonen Bevölkerung in den

---

[2] Als Beispiel einer alternativen Typologie sei auf die Unterscheidung zwischen 1) neoliberalem Populismus, 2) Sozialpopulismus, 3) Nationalpopulismus und Techno-Populismus bei de Blasio und Sorice (2018) verwiesen.

Mittelpunkt politischen Handelns stellt. Damit besteht der ideologische Kern des Rechtspopulismus in einer Ungleichheitsideologie, die die Inklusion Aller zugunsten einer quasi-natürlichen, auf unabänderlichen ethnischen oder kulturellen Unterschieden bestehenden Ordnung ablehnt (Betz 1993: 413). Was diese Zugehörigkeit zum „wahren Volk" ausmacht, unterscheidet sich zwischen den einzelnen rechtspopulistischen Parteien stark und hängt auch von den gesellschaftlichen Bedingungen ab, innerhalb derer die Parteien operieren. Stellen westeuropäische Rechtspopulist*innen vor allem auf die kulturelle Zugehörigkeit ab, so stehen bei mittel- und osteuropäischen Vertreter*innen eher Nation bzw. Ethnie im Vordergrund. In einigen Ländern (z. B. Ungarn) spielt der Ethnonationalismus bzw. Irredentismus eine bedeutende Rolle für die Ideologie vieler rechtspopulistischer Parteien (Pirro 2014: 613–614). Anschließend an die territorialen Neuordnungen zwischen den Weltkriegen streben sie die Wiederherstellung einer auf einer gemeinsamen Ethnie beruhenden Nation an.

Die unterschiedlichen Formen rechtspopulistischer Identitätspolitik gehen mit spezifischen Feindbildern („denen da draußen") einher. In Westeuropa handelt es sich dabei um externe Minderheiten (Geflüchtete, Migrantinnen); in mittel- und osteuropäischen Ländern richtet sich der Rechtspopulismus eher gegen nationale Minderheiten, etwa Sinti und Roma (Pytlas 2018b: 5; Pirro 2014: 616). Wenngleich der Antisemitismus im Gegensatz zu rechtsextremen Parteien im öffentlichen Bild des Rechtspopulismus weniger präsent ist, so bieten rechtspopulistische Parteien ihm nach wie vor eine Plattform, verwenden jedoch indirekte antisemitische Codes („Kosmopolit*innen"; „Hochfinanz") (Wodak 2015). Von den mittel- und osteuropäischen Vertreter*innen wird er teils offen zur Schau gestellt. So richten sich Kampagnen der ungarischen Fidesz direkt gegen den Investor George Soros, der der äußeren Beeinflussung der ungarischen Politik bezichtigt wird (Kalmar 2020).

Im Zuge der Flüchtlingsbewegungen der Jahre 2015 und 2016 haben sich die Themen der europäischen Rechtspopulist*innen allerdings stärker angeglichen. Als gemeinsamer Kern lässt sich nun die Verteidigung des europäischen kulturellen Erbes und die Schließung europäischer Grenzen identifizieren. Vor diesem Hintergrund kommt es in der lange zersplitterten rechtspopulistischen Parteienfamilie zu einer Intensivierung der Kooperation und der Betonung gemeinsamer politischer Interessen. 2017 war es nach jahrelangen Bemühungen erstmals gelungen, eine Fraktion im Europäischen Parlament zu gründen, die einen großen Teil der rechtspopulistischen Parteien beherbergte (Europa der Nationen und der Freiheit, ENF). Diese ging nach der Europawahl 2019 in die Fraktion „Identität und Demokratie" (ID) über (McDonnell und Werner 2020).

Nativismus bezeichnet also im engeren Sinne die gesellschaftspolitische Position rechtspopulistischer Parteien mit Blick auf die von ihnen selbst postulierte kulturelle bzw. ethnische Homogenität. Zugleich geben sie kein einheitliches Bild ab. Während einerseits eine auf xenophoben Zuschreibungen basierende restriktive Haltung in der Migrationspolitik inzwischen als gemeinsamer Nenner gelten kann, unterscheiden sich rechtspopulistische Parteien teilweise in anderen gesellschaftspolitischen Fragen. Das betrifft etwa die Familienpolitik und die Gleichstellung Homosexueller. In ihrem Wahlprogramm 2010 schreibt die Partij voor de Vrijheid (PVV): „Es ist jetzt auch Zeit, sich für die Verteidigung der wesentlichen Bestandteile unserer Kultur zu entscheiden: die Freiheit von Homosexuellen und die Gleichwertigkeit von Mann und Frau." Demgegenüber positionierte sich der Front National (mittlerweile

Rassemblement National) 2012 wesentlich konservativer: „Wir widersetzen uns [...] allen Forderungen nach der Einführung der gleichgeschlechtlichen Ehe und/oder einer Adoption durch homosexuelle Paare."[3]

Auch mit Blick auf geschlechterpolitische Fragen steht das Feld der rechtspopulistischen Parteien relativ geschlossen in der Ablehnung von Feminismus und „Genderismus" (Sauer 2019). Innerhalb dieser gemeinsamen Position lässt sich aber speziell mit Blick auf das Frauenbild eine gewisse Heterogenität ausmachen. Dabei lässt sich zwischen traditionellen Vorstellungen, nach denen Frauen allein die Mutterrolle zukommt und modern-traditionellen Sichtweisen unterscheiden, bei denen Frauen einer Erwerbsarbeit nachgehen, ihre Hauptaufgabe aber in der Pflege der familiären bzw. häuslichen Verhältnisse liegt (Mudde 2007: 93). Diese Unterschiede lassen sich vor allem mit den ideologischen Wurzeln der rechtspopulistischen Parteien erklären (de Lange und Mügge 2015: 79): Während etwa der belgische Vlaams Belang (VB) dem orthodox-katholischen Milieu entstammt und traditionelle Rollenvorstellungen vertritt, vertrat die von einem ehemaligen Mitglied der rechtsliberalen VVD gegründete Lijst Pim Fortuyn (LPF) eher modern-traditionelle Ansichten. Rechtspopulistischen Parteien gemein ist hingegen eine integrationspolitische Aufladung der Geschlechterpolitik, in der auf die Rolle der Frau im Islam abgestellt und in der Migration bzw. die Präsenz von Muslim*innen als Gefahr für die Freiheit der Frau präsentiert wird (ebd.: 74–79). Neben den Nativismus, der sich in der feindlichen Haltung gegen-

---

[3] Die beiden Zitate sind in Deutsche übersetzten Wahlprogrammen der beiden Parteien entnommen, die im Rahmen eines empirischen Forschungsprojekts quantitativ ausgewertet wurden (Franzmann und Lewandowsky 2020).

über der kulturellen Herkunft der Zuwanderer*innen ausdrückt, tritt ein Geschlechterbild, in dem Frauen vor dem Übergriff der „Fremden" beschützt werden müssen. Häufig gelten rechtspopulistische Parteien aufgrund ihrer Ideologie als „Männerparteien", die für Wählerinnen unattraktiv sind (Mudde 2007: 92–97).

Während der ideologische Kern des Rechtspopulismus in einer nativistischen Identitätspolitik zu suchen ist, sind die Parteien wirtschaftspolitisch zeitlich und räumlich heterogener aufgestellt (Decker 2015: 66–67): In den 1970er und 1980er Jahren bezogen sie eher marktliberale Positionen, während sie sich inzwischen als Verteidigerinnen wohlfahrtsstaatlicher Errungenschaften gegen „Masseneinwanderung" geben. Auch die wirtschafts- bzw. sozialpolitische Position des Rechtspopulismus ist also im Nativismus begründet, weshalb sich hierfür die Bezeichnung „Wohlfahrtschauvinismus" etabliert hat (ebd.: 67). In Mittel- und Osteuropa haben die rechtspopulistischen Parteien vor dem Hintergrund der ökonomischen Transformationsprozesse nach 1989/1990 eine gegenüber dem Wirtschaftsliberalismus kritische Haltung eingenommen und rühren damit an die nostalgische Verklärung der kommunistischen Vergangenheit als trotz der Ablehnung gegenüber dem politischen System „gleichere" Gesellschaftsordnung. So wie rechtspopulistische Parteien im Westen sich mit sozialpopulistischen Programmen an „Modernisierungsverlierer*innen" richten, so sprechen ihre mittel- und osteuropäischen Schwesterparteien diejenigen an, die von der wirtschaftlichen und politischen Transformation der ehemaligen staatssozialistischen Systeme nicht profitieren konnten (Frölich-Steffen 2008: 315).

Seit einigen Jahren spielen Klimawandel, geschlechterpolitische Themen und die COVID-19-Pandemie eine zunehmende Rolle in den Programmen rechtspopulistischer Parteien. Ihre Position zum

Klimawandel erklärt sich erstens aus dessen Perzeption als komplexes „Elitenthema", das vor allem von kosmopolitischen Milieus vorangetrieben wird und dessen Komplexität dem einfachen, „authentischen" Verhältnis zwischen dem Volk und seinen Repräsentant*innen widerspricht, das der Populismus anstrebt (Lockwood 2018). Auch die Wissenschaft selbst wird hier vor allem als Teil einer „Elite" gesehen, die eine „Klimaideologie" verfolgt, ohne die Interessen des Volkes zu berücksichtigen (Buzogány & Mohamad-Klotzbach 2022: 325). Zugleich ist die Bekämpfung des Klimawandels mit möglichen sozialen Härten – etwa dem Verlust von Arbeitsplätzen in der Industrie – verbunden; gerade Rechtspopulist*innen präsentieren sich hier als Verteidiger*innen der Interessen des „kleinen Mannes". Otteni und Weisskircher (2021) können zeigen, dass das Klima-Issue ähnlich polarisierend auf den Wettbewerb mit rechtspopulistischen Parteien wirkt wie das Immigrationsthema. Positionen rechtspopulistischer Parteien zur Corona-Pandemie sind mit jenen zur Klimapolitik in einiger Hinsicht vergleichbar (Ringe und Renno 2022): Sie verbinden darin Anti-Globalismus, Wissenschaftsfeindlichkeit und die Parteinahme für die „einfachen Leute", die unter vermeintlich zu strengen Maßnahmen zur Eindämmung der Pandemie leiden. Da viele rechtspopulistische Parteien die wissenschaftlichen Grundlagen dieser Maßnahmen anzweifeln, fehlt den Regulierungen im Rahmen der Krise aus Sicht der Rechtspopulist*innen die Legitimität. Sie sehen darin den Versuch der Eliten, die Freiheitsrechte der Bürger*innen auszuhöhlen (s. Kap. 3.4). Während sich vor allem rechtspopulistische Parteien gegen die Klimapolitik positionieren, kann Huber (2020) zeigen, dass Wähler*innen mit starken populistischen Einstellungen auch jenseits ihres ideologischen Profils zur Ablehnung klimapolitischer Maßnahmen neigen.

Die verbindenden Elemente zwischen rechtspopulistischen Positionen zur Klima- und Pandemiepolitik und jenen zur Pandemie sind zum einen die Einbettung in ein Widerstandsnarrativ gegen vermeintlich übergriffige Maßnahmen, zum anderen eine Wissenschaftsfeindlichkeit, in der Forschung politisiert wird und empirische Befunde geleugnet werden. Beides fußt in einer Deutung der Volkssouveränität, die über den engeren Bereich der politischen Entscheidungsfindung hinausgeht. Das Volk ist hier Träger einer Wahrheit, die sich aus seiner Lebens- und Alltagserfahrung und „Common Sense" speist und der „vergeistigten" und vermeintlich politisch motivierten Wahrheit der „Eliten" – also auch der Wissenschaftler*innen – entgegensteht (Mede und Schäfer 2021: 482–483).

4.2 Linkspopulismus

Der Begriff „Linkspopulismus" bezeichnet Parteien und Bewegungen, die sich im ideologischen Spektrum links der Sozialdemokratie verorten lassen und zugleich über ein populistisches Profil verfügen (March und Mudde 2005: 35). Die Entstehungshintergründe der heutigen linkspopulistischen Parteien sind indes recht unterschiedlich. So handelt es sich häufig um reformierte linksradikale oder -extreme Parteien (bspw. Niederlande: *Socialistische Partij*; Deutschland: Die Linke) oder um jüngere Bewegungsparteien, die im Umfeld der Eurokrise auf die Bühne traten (z. B. Spanien: Podemos; Griechenland: SYRIZA).

Die thematische Agenda des Linkspopulismus beruht auf einer Krisenanalyse des Kapitalismus und der liberalen Demokratie. Er kritisiert die ungleiche Verteilung von Wohlstand und die Konzentration politischer Macht in den Händen ökonomischer und politischer Eliten, die von den Interessen der Mehrheit entkoppelt sind (Katsambekis und Kioupkiolis 2019: 9). Im Mittelpunkt steht die Überwindung sozialer Ungleichheit und die Sicherstellung der politischen Beteiligung Aller. Erstens steht dabei die Ausweitung demokratischer Teilhaberechte auf dem Tableau, etwa in Form direktdemokratischer Verfahren. Zweitens strebt der Linkspopulismus Inklusion durch die Erweiterung sozialer Rechte an, etwa durch die Einführung der gleichgeschlechtlichen Ehe oder geschlechterspezifischer Quoten. Drittens will er ökonomische und ökologische Verwerfungen durch finanz- und arbeitsmarktpolitische Maßnahmen beheben, wobei vor allem höhere Steuern für Konzerne und Besserverdienende, soziale Gratifikationen (Hartleb 2004: 166–170) und umweltpolitische Regulierungen zu nennen sind. Linkspopulistische Parteien wollen jedoch, im Sinne des demokratischen Sozialismus, keinen völligen Systemwechsel erwirken und erkennen die parlamentarische Demokratie grundsätzlich an (March und Mudde 2005: 35).

Von linksextremen Parteien marxistisch-leninistischer bzw. trotzkistischer Prägung (z. B. Deutsche Kommunistische Partei; Frankreich: Lutte Ouvrière), die aus der Spaltung der europäischen Arbeiterbewegung im Kontext des Ersten Weltkriegs und der der russischen Oktoberrevolution hervorgingen, sind linkspopulistische Vertreterinnen in zweierlei Weise abzugrenzen. Zum einen beruht die Ideologie kommunistischer Parteien auf dem historischen Materialismus, nach der die menschliche Geschichte das Ergebnis von Revolutionen ist, deren Ursprung in den ökonomischen Klassenverhältnissen liegt. Zum anderen sind somit im Marxismus die politischen Interessen der Arbeiterklasse das Ergebnis ihrer ökonomischen Situation (Dialektischer Materialismus).

Der Linkspopulismus erkennt erstens die Auflösung der sozialen Klassen zugunsten unterschiedlicher Milieus grundsätzlich an. An die Stelle klassenbezogener Politik im marxistischen Sinne tritt die Parteinahme für aufgrund ihrer sozioökonomischen bzw. -kulturellen Stellung deprivierte und unterrepräsentierte Gruppen. Die Logik des Linkspopulismus folgt damit dem Streben nach sozialer Gleichheit (Katsambekis und Kioupkiolis 2019: 12). In Lateinamerika richten sich linkspopulistische Parteien daher in der Regel an arme bzw. indigene Bevölkerungsteile (Mudde und Rovira Kaltwasser 2013). In Westeuropa appellieren Linkspopulist*innen an die Verlierer*innen ökonomischer Modernisierungsprozesse bzw. jene, die von ihnen bedroht sind, also etwa Industriearbeiter*innen oder Arbeitslose. Sie adressieren aber auch marginalisierte Gruppen, etwa Migrant*innen, queere Menschen oder religiöse Minderheiten, für deren Sichtbarkeit, Repräsentation und Gleichstellung sie streiten. Zweitens bricht der Linkspopulismus mit der materialistischen Philosophie des Marxismus. Zum einen trennt er zwischen ökonomischen Strukturen und politischer Ordnung (und fordert demnach, wie gesagt, nicht die Überwindung der parlamentarischen Demokratie); zum anderen steht seine inklusive Ausrichtung im Widerspruch zum marxistischen Klassenbegriff. Denn darin sind die Ziele der Arbeiterklasse per se Partikularinteressen, die in der Konsequenz zu historischem Fortschritt führen sollen – durch den Klassenkampf, der per se unvereinbare Positionen unterschiedlicher Gruppen voraussetzt. Von diesem revolutionären Prinzip unterscheidet sich der Linkspopulismus durch einen reformorientierten Ansatz, der innerhalb des bestehenden Systems soziale Gleichheit und demokratische Teilhabe herstellen will. Aus marxistischer Perspektive dürfte der Populismus daher selbst das Produkt der bürgerlichen Gesellschaftsordnung sein (Sotiris 2019: 6).

Die Arbeiten Laclaus (2005) und Mouffes (2019) gelten als Versuche, dem Linkspopulismus ein theoretisches Fundament zu geben und erheben zugleich den Anspruch, eine Praxis des linken Populismus zu skizzieren. Sie verweisen auf dessen radikaldemokratisches Potential, das darin besteht, politische Konflikte anzuerkennen und zu mobilisieren, anstatt Konsenslösungen zu suchen, die die Interessen des Volkes letztlich wieder negieren (Moffitt 2020: 102). Linkspopulismus ist demnach der Versuch, die vom politischen Establishment weitgehend ignorierten, pluralen Interessen des „Volkes" miteinander zu verbinden und gegen die „Macht" zu mobilisieren (vgl. Katsambekis & Kioupkiolis 2019: 8).

Im Kontext des Klimawandels und der COVID-19-Pandemie nehmen linkspopulistische Parteien in aller Regel eine Position ein, die die Existenz dieser Krisen bejaht und auf ihre Behebung drängt. Grundlegend lassen sich im linkspopulistischen Spektrum kaum Positionen finden, die den wissenschaftlichen Mainstream in Frage stellen. Im Falle der Klimapolitik ist die linkspopulistische Position Teil des kapitalismuskritischen Profils; der Fokus der Kritik richtet sich hier auf die Interessen der Industrie und die verteilungspolitischen Konsequenzen der Klimapolitik, etwa in Gestalt von Jobverlusten (Buzogány und Mohamad-Klotzbach 2022: 325). In der Corona-Politik beziehen linkspopulistische Parteien ebenfalls meist eine wissenschaftsfreundliche Position und unterstützen restriktive Maßnahmen zur Eindämmung des Virus. Vielmehr fordern Parteien wie Die Linke oder SYRIZA „solidarische" Lösungen, um soziale Härten, die etwa durch Lockdowns oder eine Überbelastung des Pflegepersonals entstehen, abzufedern (vgl. Katsambekis und Stavrakakis 2020: 6).

4.3 Vergleich von Links- und Rechtspopulismus

Die Unterschiede zwischen linkem und rechtem Populismus lassen sich zusammengefasst wie folgt darstellen (Tab. 4.1). Die erste Differenz liegt in der zugrunde liegenden Form des Populismus. Linkspopulismus beruht auf einer inklusiven Variante, der den Begriff des „Volkes" für bislang unterrepräsentierte Gruppen öffnen will. Rechtspopulismus hingegen ist durch eine exklusive Form gekennzeichnet, die die Zugehörigkeit zum „wahren" Volk bestimmten Gruppen vorbehält. Zweitens schließt Linkspopulismus an eine progressive Wirtsideologie an, in der gesellschaftspolitisch liberale Positionen mit der Ausweitung des Wohlfahrtsstaates kombiniert werden. Eine bejahende Sozialstaatsorientierung kann auch bei einigen rechtspopulistischen Parteien vorgefunden werden, geht hier aber mit einer nativistischen Ideologie einher, die

Tab. 4.1 Merkmale des linken und rechten Populismus

	Linker Populismus	Rechter Populismus
Typ des Populismus	Inklusiv	Exklusiv
Krisennarrativ	Sozioökonomisch	Kulturell
Ingroup	Sozial Deprivierte, Marginalisierte	Autochthone
Outgroup	Ökonomische Eliten „Faschisten"	Ethnische, religiöse, sexuelle, kulturelle Minderheiten
Wirtsideologien	Progressivismus Demokratischer Sozialismus Multikulturalismus Internationalismus	Nativismus Autoritarismus Nationalismus
Demokratisches Ideal	Emanzipation	Illiberale Demokratie

Eigene Zusammenstellung.

die Vorrechte der kulturell bzw. ethnisch Autochthonen in den Mittelpunkt stellt („Wohlfahrtschauvinismus"). Dies verbindet sich mit einer autoritären Position, die eine hierarchische, auf traditionellen Werten basierende gesellschaftliche Ordnung anstrebt. Zuletzt unterscheiden sich beide in ihrem Verhältnis zur Demokratie. Linker Populismus beruht auf einem emanzipatorischen Verständnis, das bestehende Partizipationsmöglichkeiten auf möglichst alle gesellschaftlichen Bereiche ausweiten will. Demgegenüber legen populistische Parteien des rechten Spektrums ein illiberales Demokratieverständnis zugrunde, in dem der Wille des Volkes nicht durch verfassungsstaatliche Schranken eingehegt, sondern in Reinform umgesetzt werden soll.

Der Vergleich zeigt, dass es sich hier nicht einfach um „denselben" Populismus handelt, der mit einem jeweils anderen ideologischen Additiv auftritt. Vielmehr bedeuten linke und rechte ideologische Ausrichtungen auch unterschiedliche Varianten des Populismus selbst. Schlicht von „zwei Seiten derselben Medaille" zu sprechen, wäre angesichts dieser Unterschiede eine schwer vertretbare Simplifizierung (vgl. March 2017: 298). Auch bezeichnen diese Unterschiede zunächst tatsächlich nur deren inhaltliche bzw. ideologische Merkmale. Rückschlüsse beispielsweise auf die Regierungspraxis lassen sich nur begrenzt ziehen. Inwiefern sich verschiedene Verhältnisse zur Demokratie positiv oder negativ auf die Institutionen auswirken, sobald populistische Parteien an der Macht sind, ist eine Frage, die sich allein durch den Blick auf die Ideologien schwerlich beantworten lässt (siehe Kap. 7).

Trotz dieser Unterschiede trifft die populistische Logik, Demokratie als Umsetzung eines homogenen „Volkswillens" zu verstehen, auch auf den Linkspopulismus zu (Minkenberg 2018: 346). Der Unterschied zum Rechtspopulismus besteht also darin, wer als zum Volk zugehörig erachtet wird, nicht in der Tendenz zum Anti-Pluralismus: Sowohl der Links- als auch der Rechtspopulismus zielen, wenngleich aus unterschiedlicher Richtung, auf die Überwindung der Konsenslogik liberaler Demokratien. Die Emanzipation des Volkes, ganz gleich, wie pluralistisch dieses in sich selbst ist, soll gegen jene errungen werden, die als dessen Feinde erachtet werden. De la Torre (2019: 69) arbeitet dies klar heraus, indem er auf die Praxis linkspopulistischer Regierungen etwa in Lateinamerika verweist: „[If] solutions are based on the transformation of rivals into enemies, and in assuming that one sector of the population is the real and authentic people, populist answers are simplistic and ultimately perilous for democracy as illustrated by Latin American left populists in power."

4.4 Weitere Formen des Populismus

Generell ist Populismus, zumal in Europa, vor allem eine Eigenschaft radikaler linker und rechter Parteien (Roodujin und Akkerman 2017). Daneben benennt die Forschung andere Formen des Populismus, etwa, weil die Ideologie der entsprechenden Parteien durch Issues geprägt ist, die sich nicht eindeutig auf der Links-Rechts-Skala verorten lassen, so etwa bei religiösen oder agrarischen Parteien. Andere lassen sich grundsätzlich plausibel auf der ideologischen Links-Rechts-Achse verorten, zeichnen sich aber zugleich durch bestimmte charakterisierende Merkmale aus, etwa eine spezifische Organisation. Eine allein auf die Ideologie abstellende Bezeichnung würde diesen Umstand verschleiern (vgl. Decker und Lewandowsky 2012). Die im Folgenden erörterten Subtypen des Populismus sollen daher die Ausführungen zum Links- und Rechtspopulismus ergänzen. Sie erheben zugleich keinen Anspruch auf Vollständigkeit.

4.4.1 Agrarpopulismus

Populistische Parteien und Bewegungen entstanden zuerst als Protestgruppierungen von Farmer*innen und Bauern/Bäuer*innen. Es ist kein Zufall, dass sich Canovans (1982: 550–551) frühe Typologie des Populismus zu einem großen Teil auf agrarische Bewegungen stützt. Die erste moderne populistische Partei war die *Populist Party* (auch: *People's Party*), die Ende des 19. Jahrhunderts in den Vereinigten Staaten entstand (im Folgenden Spier 2006: 39–41). Sie ging aus der Farmers Alliance hervor, einer Bewegung, die sich für die Verbesserung der Lebens- und Arbeitsverhältnisse der Landwirte einsetzte. Im Norden hatten die Farmer mit hohen Kosten zu kämpfen, in den Südstaaten mit Schulden gegenüber ihren Pächtern *(sharecroppers)*. Diente die Farmer's Alliance vor allem der Selbstorganisation, so sollte sich die Populist Party ab etwa 1889 als politisches Sprachrohr der Farmer verstehen. Kurzzeitig konnte sie sich in einigen Bundesstaaten als dritte Partei neben Demokraten und Republikanern etablieren. Nachdem die Demokraten einige ihrer Kernforderungen übernommen hatten, wurde die Populist Party ab Mitte der 1890er Jahre allmählich schwächer. Ihre Attraktivität speiste sich neben ökonomischen Forderungen – etwa die Ablehnung des Goldstandards oder die Einführung des Acht-Stunden-Tags – nicht zuletzt aus ihrer Abwehrhaltung gegen Urbanisierung und Industrialisierung. Dabei portraitierte sie die auf harter, „ehrlicher" Arbeit beruhende Lebens- und Wirtschaftsweise der Farmer als Verkörperung amerikanischer Werte und grenzte sich damit insbesondere von den aufsteigenden sekundären Industriezweigen der Ostküste ab, die sie häufig als elitäre Clique darstellte. Im Russland des späten 19. Jahrhunderts traten mit den *Narodniki* (dt.

„Volksfreunde") städtische Intellektuelle auf den Plan, die die Dorfkommune idealisierten und einen bäuerlichen Sozialismus als Alternative zum Marxismus errichten wollten. Allerdings handelte es sich hierbei lediglich um „eine Gruppe radikaler Intellektueller, die vergeblich die Unterstützung im Volk suchten" und denen nicht der Aufbau einer politischen Bewegung gelang (ebd.: 42). Die Forderung nach agrarpolitischen Reformen zugunsten der Bauern/Bäuer*innen spielte auch in einigen populistischen Bewegungen Lateinamerikas eine Rolle (Puhle 2003: 28).

Prominente Beispiele jüngerer agrarpopulistische Bewegungen in Europa sind zum einen die Bauernselbstverteidigung *(Samoobrona)* in Polen, die sich 1992 aufgrund des Protests der Bauern und Bäuerinnen gegen die Rückzahlung von Krediten gründete (Wilkiewicz 2003), seit 2007 jedoch nicht mehr im Parlament vertreten ist. In Finnland trat 1959 die vornehmlich antisowjetisch ausgerichtete SMP auf die Bühne. Seit Ende der 1960er Jahre verfügte sie über Sitze im Parlament. Vor allem konnte sie in den 1970er sowie den frühen 1980er Jahren beachtliche Wahlerfolge zwischen 9 und 10 % vorweisen (Norocel 2017). Mit der zunehmenden Industrialisierung und Tertiarisierung der Wirtschaft in Europa hat der Agrarpopulismus an Bedeutung eingebüßt. Während die Samoobrona in der Versenkung verschwand, ging aus der SMP 1995 die rechtspopulistische Partei „Wahre Finnen" (später: „Die Finnen"; *Perussuomalaiset*) hervor, die sich – nun ohne agrarpolitisches Profil – im finnischen Parteiensystem dauerhaft etablieren konnte (ebd.).

4.4.2 Marktliberaler Populismus

In den frühen 1970er Jahren traten in einigen Ländern Skandinaviens neue Parteien auf den Plan, die sich hauptsächlich gegen die stark ausgebauten Wohlfahrtsstaaten der jeweiligen Länder positionierten. In der wirtschaftlichen Krise waren die steuerfinanzierten Sicherungssysteme zunehmend unter Druck geraten. Damit fanden die neuen Populist*innen eine günstige Gelegenheitsstruktur vor. Da die Sozialstaaten vor allem durch Steuern finanziert werden, formierten sich die Neuankömmlinge als Protestparteien gegen die steuerliche Belastung des Mittelstands (Decker 2004: 97–99). In Dänemark und Norwegen entstanden zu dieser Zeit „Fortschrittsparteien", die ihr wirtschafts- und finanzpolitisches Profil mit einer ausgeprägten Anti-Establishment-Haltung verbanden (Heinze 2018). Gleichzeitig fehlte ihnen trotz emigrationskritischer Positionen der Nativismus, der für den Rechtspopulismus typisch ist (Rydgren 2006: 165). Die erste Partei dieses Typs gründete sich 1972 um den Dänen Mogens Glistrup. Mit ihrer Forderung nach geringerer Steuerlast und einem Abbau der Bürokratie schaffte sie im Folgejahr mit beinahe 16 % der Stimmen den Sprung in das dänische Parlament. Die Gründung ihres norwegischen Pendants war von der dänischen Fortschrittspartei unmittelbar inspiriert (Jakobsen 2022: 246). Zunächst noch nach ihrem Gründer Anders Lange benannt, fusionierte sie nach dessen Tod mit der Reformpartei und gab sich den Namen „Fortschrittspartei" (*Fremskrittspartiet,* FrP), den sie bis heute führt. Trotz interner Konflikte und sehr wechselhafter Wahlergebnisse konnte sich die FrP dauerhaft im norwegischen Parteiensystem etablieren und war zwischen 2013 und 2020 Teil einer konservativ-liberalen Regierungskoalition. Der Erfolg der dänischen Fortschrittspartei war demgegenüber wesentlich kurzlebiger. In den späten 1980er Jahren hatte sie zunehmend unter Grabenkämpfen um ihren immer extremer auftretenden Vorsitzenden Glistrup zu leiden, was 1995 schließlich zur Gründung der Dänischen Volkspartei (*Dansk Folkeparti,* DF) führte (Andersen 2003: 3). Während die Fortschrittspartei letztlich bedeutungslos wurde, wurde die DF zu einer wichtigen Spielerin im dänischen Parteiensystem und tolerierte zwischen 2001 und 2011 eine konservativ-liberale Minderheitsregierung (Heinze 2018: 292).

Ihre marktradikale, vor allem auf die Reform des Wohlfahrtsstaates ausgerichtete Thematik hat für die beiden Parteien deutlich an Bedeutung eingebüßt. Während die FrP im Vergleich zu den noch eher wirtschaftsliberalen Vertreterinnen im rechtspopulistischen Spektrum Europas gehört, hat die DF inzwischen eine bejahende Position zum Sozialstaat adaptiert und adressiert mit ihrer rentenpolitischen Position vor allem ältere Wähler*innen (Meret 2010: 105–108). Im Falle beider Parteien hat sich der Schwerpunkt des Themenprofils auf die Integrationspolitik verlagert und das Framing des Themas deutlich verändert. Ging es den Fortschrittsparteien noch um die Kosten der Integration, so konzentrieren sie sich etwa seit den späten 1990er Jahren auf die kulturelle Dimension. Insbesondere die DF hat sich zu einer islamfeindlichen Partei entwickelt, die die Liberalität der dänischen Gesellschaft durch die „Islamisierung" bedroht sieht (ebd.: 22–23).

Ob zum marktradikalen Populismus auch die US-amerikanische Tea-Party-Bewegung gezählt werden kann – deren Erstarken innerhalb der Republikanischen Partei den Aufstieg Donald Trumps maßgeblich ebnete –, ist nicht eindeutig auszumachen (vgl. Williamson et al. 2011). Zwar gründete sie sich 2009 explizit aus Protest gegen wirtschaftspolitische Maßnahmen des damaligen US-Präsidenten Barack Obama und nahm für sich in Anspruch, die Interessen der amerikanischen Steuerzahler*innen gegen die Schuldenpolitik der Regierung zu vertreten. Gleichzeitig waren konservative gesellschaftspolitische Einstellungen unter den Unterstützer*innen der Tea Party weitaus stärker ausgeprägt als im US-amerikanischen Durchschnitt und kennzeichneten auch die Positionen ihrer prominenten Anführer*innen, sodass die Bewegung eher das Profil einer wirtschaftspolitisch libertären und zugleich rechtspopulistischen Bewegung aufwies (Arceneaux und Nicholson 2012: 701).

4.4.3 Unternehmerpopulismus

Einige populistische Parteien verfügen über ein kaum ausgeprägtes, zum Teil beliebiges politisches Profil, zugleich aber über eine populistisch auftretende Führungspersönlichkeit, die die Partei ins Leben gerufen hat und wie eine eigene Firma führt, der sie vorsitzt und die sie nach ihrem Willen gestaltet. Zuweilen wird für diese Parteien der Begriff „Unternehmerpopulismus" verwendet (Hloušek et al. 2020; Wiesendahl und Adorf 2022). Diese Zuordnung stellt erstens auf die herausragende Rolle der Führungspersönlichkeit ab, zweitens auf den spezifischen Ethos politischer Führung, in der sich *leaders* als effiziente Manager*innen in Abgrenzung zu den vermeintlich behäbigen staatlichen Eliten präsentieren, sowie drittens auf das Staatsverständnis, nach dem dieser wie ein Unternehmen zu führen sei. Zu diesen Parteien können etwa die italienische Forza Italia unter dem ehemaligen Premierminister Silvio Berlusconi, die tschechische ANO 2011 unter Andrej Babiš, aber auch das kurzlebige Team Stronach in Österreich gezählt werden, das von 2012 bis 2017 existierte und sich nach seinem Gründer, dem Unternehmer Frank Stronach, benannt hatte. 2013 zog sich Stronach aus Unzufriedenheit über das Ergebnis seiner Partei zur Nationalratswahl – sie war mit 5,7 % der Stimmen ins Parlament eingezogen – aus der Politik zurück (Dolezal und Zeglovits 2014: 651). Ihrer Führungspersönlichkeit beraubt, zerbrach die Partei rasch und trat zur nächsten nationalen Wahl nicht mehr an. Während sich populistische Parteien generell durchaus etablieren und einen Wechsel des Spitzenpersonals verkraften können (etwa die Dänische Volkspartei oder die AfD), überleben Parteien, die von charismatischen Führungspersönlichkeiten völlig dominiert werden, deren Weggang oftmals nicht. Die Ursache hierfür liegt zum einen in der nahezu völligen Identifikation der Partei mit der Führungspersönlichkeit, zum anderen in der schwachen Ausbildung einer Organisationskultur und -struktur, die die Rekrutierung von leitendem Personal ermöglichen könnte (vgl. Decker 2006: 17–18). Das trifft auf unternehmerpopulistische Parteien im Besonderen, aber durchaus auch auf rechtspopulistische Parteien zu. So verschwanden beispielsweise die Schill-Partei und die Lijst Pim Fortuyn ohne ihre *leaders* rasch von der Bildfläche (siehe Kap. 5).

4.4.4 Religiöser Populismus

Religiöser Populismus zeichnet sich nach Zúquete (2017: 454–460) durch die folgenden Elemente aus: 1) Eine charismatische Führungspersönlichkeit, die sich als Prophet*innen, Märtyrer*innen, moralischer Archetyp und Missionar*innen inszenieren; 2) die Konstruktion der eigenen Unterstützer*innen als moralische Gemeinschaft in einem manichäischen Kampf guter gegen böser Kräfte sowie 3) eine Heilsmission, die auf eine zukünftige Gesellschaftsordnung ausgerichtet ist. Während explizit religiöser

Populismus vor allem in nicht-christlich geprägten Ländern eine Rolle spielt – etwa in hinduistischen Gesellschaften (vgl. Leidig 2020) – sind einige der genannten Aspekte oftmals auch bei nicht-religiösen populistischen Parteien zu finden, etwa, indem eine charismatische Führungspersönlichkeit mit quasi-messianischen Eigenschaften belegt und als „Befreier*in" des Volkes dargestellt wird (Zúquete 2017: 455–456). In Westeuropa sind religiöse Aspekte bei rechtspopulistischen Parteien insofern relevant, als sie als Bestandteile der eigenen, von religiösen Minderheiten (v. a. Muslim*innen) bedrohten Identität in den Vordergrund gerückt werden (Schwörer und Fernández-García 2021): Allerdings ist der Bezug auf das „christliche Erbe" in den Programmen rechtspopulistischer Parteien wesentlich weniger bedeutsam als negative Aussagen über als fremd dargestellte Religionen. Tatsächlich ist die Bezugnahme auf eine „christliche Identität" zuvorderst als Abgrenzung gegenüber dem Islam zu verstehen (ebd.). Für die Ideologie vieler rechtspopulistischer Parteien Mittel- und Osteuropas hat der Bezug zur Religion als Teil nationaler Identität wesentlich größere Bedeutung. So unterstützen sie zum Teil eine starke Verschränkung von Kirche und Staat und eine Inkorporierung traditioneller christlicher Werte in staatliches Handeln („Klerikalismus") (Pirro 2014: 606). Ein prominentes Beispiel ist die polnische PiS. Deren Programmatik basiert nicht nur auf einer konservativ-katholischen Deutung des Christentums, die beispielsweise die familien- und sozialpolitischen Positionen der Partei inspiriert (etwa ihre Gegnerschaft zur Abtreibung), sondern drückt sich auch in der Bejahung einer privilegierten Rolle der katholischen Kirche im öffentlichen Leben aus (Folvarčný und Kopeček 2020: 180).

4.4.5 M5S: Sonderfall „eklektischer" Populismus

Eine bedeutende populistische Partei, die nur schwerlich auf der Links-Rechts-Achse eingeordnet werden kann, ist die italienische Fünf-Sterne-Bewegung (*Movimento 5 Stelle;* M5S). Zwar war die Partei lange durch ihren Gründer, den Komiker Beppe Grillo, geprägt und kann deshalb auch als unternehmerpopulistische Partei verstanden werden (Hloušek et al. 2020: 104). Sie hat sich aber inzwischen trotz der herausgehobenen Stellung Grillos zu einer ausdifferenzierten Parteiorganisation entwickelt, der der ehemalige Ministerpräsident Giuseppe Conte vorsitzt. Für den prominenten Sonderfall der M5S hat de Ghantuz Cubbe (2020: 52) den Begriff „eklektischer Populismus" vorgeschlagen, der verdeutlicht, dass die von der M5S propagierten Themen weder für den linken noch für den rechten Populismus typisch sind. So stehen die „fünf Sterne" im Namen für die ursprünglichen Forderungen: Wasser, Umwelt, Verkehr, Entwicklung und Energie. Die ausgeprägte Anti-Establishment-Haltung der Partei richtet sich auf der einen Seite gegen die politischen Eliten Italiens, vor allem gegen die Korruption. Andererseits versucht die M5S ihr basisdemokratisches Versprechen, mit dem sie sich von den Etablierten abgrenzen will, in ihrer eigenen Organisation umzusetzen. Das geschieht etwa in Form digitaler Entscheidungsprozesse, durch die die Parteimitglieder unmittelbar eingebunden werden. Aufgrund dieser einzigartigen Kombination aus Anti-Establishment-Selbstverständnis, teilweise direktdemokratischer Parteiorganisation und „Big Tent"-Ideologie kann für die M5S auch der Begriff der „Anti-Parteien-Volkspartei" ins Feld geführt werden (Bordignon und Ceccarini 2015).

5
Populismus und Parteiorganisation

Zusammenfassung

- Populistische Parteien beschreiben sich als Vertreterinnen des „wahren Volkes". Organisatorisch wird dies oftmals in charismatischen, dominierenden Führungspersönlichkeiten gespiegelt. Manche populistische Parteien erheben auch den Anspruch, ihre Mitglieder durch direktdemokratische Instrumente besonders in die innerparteiliche Willensbildung mit einzubeziehen.
- Populistische Parteien haben unterschiedliche Entstehungshintergründe. Die Organisationen der meisten populistischen Parteien passen sich mit der Zeit in wesentlichen Zügen den Organisationen der Mainstream-Parteien an.
- Im europäischen Vergleich zeigt sich, dass populistische Parteien im Vergleich zu nicht-populistischen Parteien stärker personalisiert sind und die Führungsebene bei Entscheidungen über die politischen Inhalte

über relativ große Macht verfügt. Zugleich sind die Organisationen populistischer Parteien im europäischen Vergleich nicht homogen und weisen jeweils spezifische Merkmale auf.

Neben seinen inhaltlichen Aspekten wird der Populismus oft auch als spezifisches Merkmal von Parteiorganisationen betrachtet (Decker und Lewandowsky 2012: 272): Hierzu gehört erstens häufig eine Führungspersönlichkeit, die die Partei intern nahezu vollständig dominiert und extern nahezu im Alleingang repräsentiert. In der Konsequenz ist die Partei vom Wohl und Wehe – und der Popularität – dieser Persönlichkeit abhängig. Verliert sie diese Führungsfigur, so kann sie diesen Verlust oftmals sowohl organisatorisch als auch elektoral nicht kompensieren. Als etwa der damalige Vorsitzende der nach ihm benannten niederländischen Lijst Pim Fortuyn (LPF) kurz vor der Parlamentswahl 2002 erschossen wurde, konnte die LPF bei der Wahl noch 17 % der Stimmen auf sich vereinen. In der darauffolgenden Regierungsbeteiligung zerfiel die Partei jedoch rasch an internen Streitigkeiten, und die Regierung kollabierte binnen eines Jahres (Decker 2004: 108–109). Bei der Wahl 2006 erreichte die LPF nur noch 0,2 %. Dennoch handelt es sich nicht um einen Automatismus. Parteien wie die FPÖ, die italienische Lega, die skandinavischen Fortschrittsparteien oder der Rassemblement National konnten sich nach teils turbulenten Führungswechseln stabilisieren und etablieren (vgl. Heinisch und Mazzoleni 2016: 222). Ob charismatische Führung für populistische Parteien tatsächlich von so systematischer Bedeutung ist wie weithin angenommen, kann in zweierlei Hinsicht bezweifelt werden. Bei Wahlen ist der direkte Einfluss der Führungspersönlichkeit auf die Unterstützung für rechtspopulistische Parteien sehr begrenzt und wirkt höchstens mittelbar (van der Brug und Mughan 2007). Innerparteilich werden populistische Anführer*innen oftmals nicht als so charismatisch wahrgenommen, wie sie sich nach außen hin darstellen (McDonnell 2015). Andere populistische Parteien vermögen auf Dauer überhaupt keine starke Führungspersönlichkeit auf der nationalen Ebene zu etablieren (bspw. AfD). Generell spielen charismatische Führungspersönlichkeiten in politischen Parteien vor allem in deren frühen Etablierungsphasen eine Rolle (Harmel und Svåsand 1993).

Zweitens beschreiben sich populistische Parteien als Graswurzel-Organisationen „aus dem Volk und für das Volk". Die Form einer Partei nehmen sie augenscheinlich nur widerwillig an und bezeichnen sich oft als „Alternative", „Front" oder „Bewegung". Während auf der einen Seite die charismatische Führungspersönlichkeit diesen Willen zu verkörpern vorgibt und damit ihre Dominanz innerhalb der Organisation dadurch legitimiert, formulieren andere populistische Parteien den Anspruch „echter" Basisdemokratie. Ein Beispiel hierfür ist die AfD. Neben in der Partei-Verfahrensordnung verankerten Mitgliederentscheiden und -befragungen gilt bei der Nominierung von Kandidat*innen für öffentliche Ämter das Mitgliederprinzip und lassen sich relativ offene Wettbewerbsmuster erkennen (Höhne 2021). Gleichzeitig sind direktdemokratische Elemente kein beständiger, sondern punktueller Teil des Parteilebens (Heinze und Weisskircher 2021: 271). Ein anderer Fall ist die italienische Fünf-Sterne-Bewegung (M5S). Seit ihrer Gründung 2009 gehören die Einführung und Nutzung direkter Demokratie – auch in ihrer eigenen Organisation – zu ihren Kernforderungen. Die Partei hat seither mehrere Organisationsphasen durchlaufen. Trotz aller direktdemokratischen Elemente bleibt die Dominanz der Parteiführung innerhalb der Organisation unangetastet (Vittori 2020b).

5.1 Typisierung populistischer Parteiorganisationen

Populismus prägt die Organisation politischer Parteien, wenngleich in unterschiedlicher Weise. So haben einige populistische Parteien starke direktdemokratische Elemente ausgebildet (Podemos, M5S), während andere (SYRIZA, Rassemblement National) kaum entsprechende Prozesse aufweisen (Vittori 2020a).

Mit Blick auf die Entstehungshintergründe populistischer Parteien differenzieren Heinisch und Mazzoleni (2016: 223–225) zwischen drei Idealtypen, die sich vor allem auf den rechtspopulistischen Parteientypus beziehen.

1. *Konvertierte Mainstream-Parteien:*[1] Hierunter sind Parteien zu verstehen, die als nicht-populistische Parteien gegründet wurden und sich später zu populistischen Parteien entwickelten. So begann etwa die FPÖ als nationalistische Partei, etablierte sich als rechtsliberale Alternative zu SPÖ und ÖVP und wandelte sich erst unter Jörg Haider in den späten 1980er Jahren zu einer genuin populistischen Gruppierung. Diesen Charakter behielt sie nach dessen Tod und unter der Führung von Heinz-Christian Strache bzw. dessen Nachfolgern bei.
2. *Konvertierte personalisierte Parteien:* In diesem Typus wurden populistische Parteien, die elektorale Nischen besetzten, von Einzelpersonen gegründet und in ihrer

---

[1] Heinisch und Mazzoleni verwenden den Begriff „Mainstream" hier im Sinne „nicht-populistischer" Parteien, was auch radikale Parteien ohne populistisches Profil miteinschließt. Obwohl dieser Begriff des Mainstreams vom Verständnis in diesem Buch leicht abweicht, soll er hier übernommen werden.

Anfangszeit von diesen dominiert, emanzipierten sich aber im Laufe ihrer Geschichte von der charismatischen Führungspersönlichkeit. Mit dieser Emanzipation kam es auch zu einer Vergrößerung des Wähler*innenpotentials und der Wahlerfolge. Zu diesen Parteien gehören die skandinavischen Fortschrittsparteien (s. Abschn. 4.4). Auch die von Beppe Grillo ins Leben gerufene, inzwischen als Regierungspartei etablierte italienische M5S weist Züge dieses Entstehungstyps auf.

3. *„Standardmodell" (rechts)populistischer Parteien:* Den „Normalfall" bilden rechtspopulistische Parteien mit ideologisch typischem Profil, die zunächst als führungszentrierte Parteien gegründet werden, sich aber mit zunehmender Etablierung organisatorisch ausdifferenzieren und stabilisieren. Zu diesem Typus kann etwa die italienische Lega (zuvor: Lega Nord) gezählt werden, die 23 Jahre lang von Umberto Bossi angeführt wurde und der inzwischen der ehemalige italienische Innenminister Matteo Salvini vorsitzt, der das Außenbild der Partei prägt. Dabei hat die Lega nicht nur die Charakteristika der Massenpartei beibehalten, sondern ist auch durch das Nebeneinander von digitalem und analogem Aktivismus geprägt, der die Partei symbolisch an ihrer elektoralen Basis verankert (Zulianello 2021).

Wie oben angedeutet, ist diese Einteilung ein Ergebnis des Vergleichs rechtspopulistischer Parteien in Europa. Trotz einiger Überschneidungen weichen vor allem manche linkspopulistischen Parteien hiervon ab. Dem soll durch den Vorschlag eines vierten Typus Rechnung getragen werden.

4. *Neue Linkspopulisten:* In Spanien und Griechenland bildeten sich mit Podemos bzw. SYRIZA Parteien heraus, die ihren Ursprung in der Neuformierung der radikalen Linken haben (bspw. Ramiro und Gomez 2017). Sie gingen entweder aus dem Zusammenschluss mehrerer linksradikaler Kleinparteien hervor (SYRIZA) oder sind als genuine Bewegungsparteien ohne Vorgängerorganisation zu verstehen (Podemos). Während sich in beiden Parteien charismatisches Führungspersonal herausbildete (Pablo Iglesias in Spanien; Aleksis Tsipras in Griechenland), konnten die Parteien sich auch organisatorisch festigen und dauerhaft in den jeweiligen Parteiensystemen etablieren.

Zwei Anmerkungen sind hier notwendig. Erstens beziehen sich alle Typen auf Parteien, denen es gelang, eine stabile, auf Dauer angelegte Organisation auszubilden. Hoch personalisierte Parteien wie die LPF, das österreichische Team Stronach oder die deutsche „Schill-Partei" (eigentlich: Partei Rechtsstaatlicher Offensive) kollabierten nach dem Verlust ihrer Führungspersönlichkeiten. Zweitens bezieht sich diese Einteilung allein auf Westeuropa. In Mittel- und Osteuropa bildeten sich erst im Zuge des Zusammenbruchs der sozialistischen Systeme – in manchen Ländern früher, in anderen später – politische Parteien jenseits der ehemaligen sozialistischen Staatspartei und etwaiger Blockparteien heraus. In den ersten zehn Jahren der Transformation kam es in vielen Ländern zu wachsender ökonomischer Ungleichheit und politischer Unzufriedenheit. In der Folge scheiterten Regierungen und ein Großteil der noch relativ jungen Parteien, ohnehin ohne größere gesellschaftliche Verankerung, vermochte sich nicht dauerhaft zu etablieren (Pop-Eleches 2010: 235–236). Generell fehlt es den mittel- und osteuropäischen Parteien sowohl an einer „klaren Struktur [als auch an] einer organisierten Mitgliedschaft" (von Beyme 2019: 76). Ein großer Teil der Parteien Mittel- und Osteuropas ist auf die Unternehmungen Einzelner zurückzuführen. Das gilt sowohl für die populistische Smer-SD (*Smer – sociálna demokracia;* Richtung – Sozial- demokratie), die sich 1999 auf Initiative des späteren Premierministers Robert Fico bildete, als auch für die PiS, deren Gründung 2001 auf die Brüder Lech und Jarosław Kaczyński zurückgeht. Trotz der vordergründigen Weiterentwicklung zur Massenpartei blieb die PiS höchst zentralisiert; Entscheidungen werden vornehm- lich durch die Parteiführung getroffen (Pytlas 2021). Das trifft auch auf die ungarische Fidesz zu, die 1988 u. a. vom damaligen Studierendenführer Viktor Orbán ins Leben gerufen wurde und der ihr nach einer ersten Phase zwischen 1993 und 2000 seit dem Jahr 2003 zum zweiten Mal vorsitzt.

Trotz der unterschiedlichen Entstehungshintergründe haben sich die meisten populistischen Parteien in West- europa im Laufe der Zeit den Organisationsstrukturen der Mainstream-Parteien angenähert (Heinisch & Mazzoleni 2016: 238–239): Hierzu gehören regionale Ausdifferenzierung, die Einrichtung eines professionellen Apparats sowie Strukturen der innerparteilichen Ent- scheidungsfindung. Vereinzelte Versuche, die Organisation im Sinne einer auf die*den charismatische*n Anführer*in ausgerichtete Bewegungspartei umzustrukturieren, waren nicht erfolgreich. Auf der anderen Seite stechen einige Besonderheiten hervor (ebd.: 239–241). Erstens sind populistische Parteien oft zentralistischer, sodass die Parteiführung Repräsentation nach außen und Ent- scheidungskompetenz nach innen für sich beansprucht. Zweitens sind die Parteien aber in sich nicht homo- gen, sondern beherbergen unterschiedliche, teils auch extremistische Gruppen. Insofern ist die Herstellung von

Kohäsion, also eines einheitlichen Auftretens der Partei, eine ständige Herausforderung für die Führungen (Heinze und Weisskircher 2021).

Die oben ausgeführten Typisierungen beruhen auf Fallstudien oder „kleinen" Vergleichen. Trotz der Zunahme an Studien steht die Untersuchung populistischer Parteiorganisationen und die Typenbildung derzeit noch am Anfang, und die Ergebnisse sprechen nur teilweise zueinander – etwa deshalb, weil Letztere jeweils unterschiedliche Merkmale heranziehen oder sich auf bestimmte Aspekte der Parteiorganisation konzentrieren. Der folgende Abschnitt soll auf Grundlage quantitativer Daten einen europäischen Vergleich populistischer Parteiorganisationen vornehmen.

5.2 Vergleich populistischer Parteiorganisationen in Europa

Die Daten für die folgenden Analysen sind dem V-Party-Datensatz entnommen (siehe Abschn. 2.4)[2] und setzen den Populismus mit drei Eigenschaften von Parteiorganisationen in Beziehung: 1) Personalisierung, d. h. Grad der Konzentration der Partei auf eine einzige Führungspersönlichkeit; 2) Mitglieder- versus Führungszentriertheit bei politisch-inhaltlichen Entscheidungen der Partei sowie 3) Kohäsion, also die Frage, inwiefern Parteien nach außen einheitlich auftreten oder durch öffentlich sichtbare Konflikte auf der Ebene ihrer Eliten geprägt sind. Mittels dieser Variablen können sowohl Unterschiede zwischen

---

[2] Die Codierung der Variablen kann dem online verfügbaren Codebuch des V-Party-Datensatzes entnommen werden: https://www.v-dem.net/vpartyds.html.

5 Populismus und Parteiorganisation

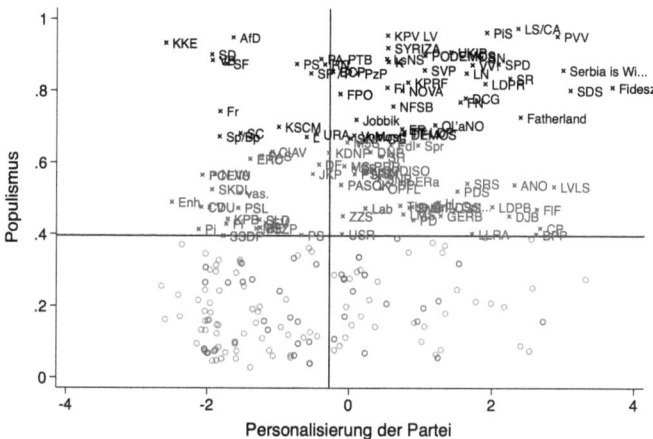

Abb. 5.1 Populismus und Personalisierung in europäischen Parteien. (Eigene Darstellung. Daten: V-Party Dataset (Lührmann et al. 2020). Mittelwerte für die jeweilige Partei (2015–2019))

populistischen Parteien und Mainstream-Parteien ermittelt als auch Heterogenität innerhalb der populistischen Gruppe dargestellt werden.

Wie Abb. 5.1 illustriert, finden sich kaum populistische Parteien, in denen Personalisierung nur eine geringe Rolle spielte.[3] Dabei handelt es sich etwa um die Schwedendemokraten oder die AfD. Andererseits liegt der Personalisierungsgrad der meisten populistischen Parteien über dem Mittelwert. Während er in SVP, FPÖ und der griechischen SYRIZA noch relativ moderat ausfällt, ist er in PVV oder Fidesz außerordentlich hoch. In Ungarn wird die Fidesz durch den Parteivorsitzenden und Premierminister Viktor Orbán vollständig dominiert. Die PVV wiederum ist ein spezieller Fall. Sie besteht nur

---

[3] Wie in Kap. 3 werden wieder nur die Parteien hervorgehoben, deren Populismus-Werte über dem Mittelwert liegen (siehe Fn 13).

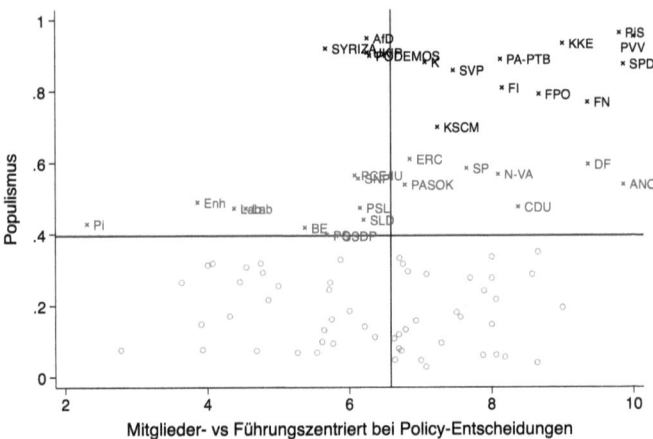

Abb. 5.2 Populismus und Policy-Entscheidungen in europäischen Parteien[4]. (Eigene Darstellung. Daten: V-Party Dataset (Lührmann et al. 2020). Populismus: Mittelwerte für die jeweilige Partei (2015–2019))

aus einem einzigen formalen Mitglied: dem Vorsitzenden Geert Wilders selbst. Insgesamt zeigt sich ein leichter, aber signifikanter Zusammenhang zwischen diesen beiden Merkmalen ($r = 0{,}34$).

Vor dem Hintergrund dieser Befunde überrascht es nicht, dass, wie Abb. 5.2 darlegt, populistische Parteien auch bei Policy-Entscheidungen eher führungszentriert organisiert sind ($r = 0{,}32$). Während AfD, die spanische Podemos, SYRIZA und die britische UKIP hier noch etwas links des Mittelwerts liegen, gehören PiS, PVV und die tschechische SPD (*Svoboda a přímá demokracie,* dt. „Freiheit und direkte Demokratie") zu jenen Parteien, in denen die Parteiführung die politisch-inhaltlichen Entscheidungen am stärksten beeinflussen kann.

---

[4] Da die entsprechende Variable nicht alle Parteien beinhaltet, ergibt sich hier eine reduzierte Fallzahl.

5 Populismus und Parteiorganisation

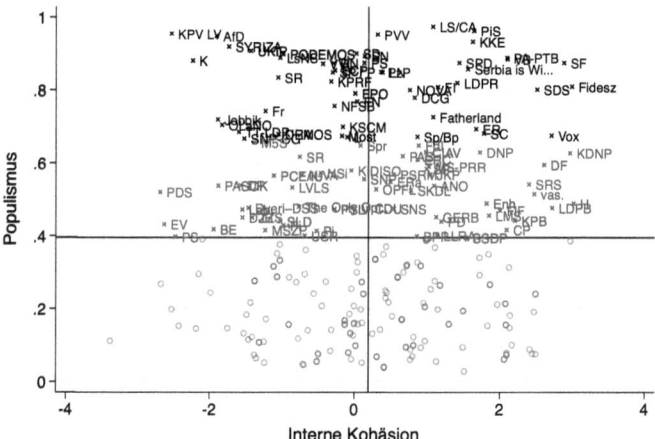

Abb. 5.3 Populismus und Kohäsion in europäischen Parteien. (Eigene Darstellung. Daten: V-Party Dataset (Lührmann et al. 2020). Mittelwerte für die jeweilige Partei (2015–2019))

Demgegenüber gibt es zwar viele Parteien ohne deutliches populistisches Profil, die über führungszentrierte Organisationen verfügen, aber eben auch eine große Zahl solcher, die eher mitgliederorientiert organisiert sind. Diese findet man unter den Parteien mit hohem Populismuswert nicht.

Betrachten wir nun die Kohäsion, also die Frage, inwiefern die Parteiführungen nach außen hin einheitlich auftreten bzw. inwiefern interne Konflikte öffentlich werden (Abb. 5.3). Hier lässt sich für die populistischen Parteien kein eindeutiges Muster nachweisen, was sich in dem zwar signifikanten, aber extrem schwachen negativen Zusammenhang widerspiegelt ($r = -{,}08$). Wir finden sowohl Parteien vor, in denen die Kohäsion besonders hoch ist (Fidesz, irische Sinn Féin) als auch solche, die nicht geschlossen auftreten (AfD, Jobbik). Demnach unterscheiden sie sich nicht systematisch von anderen Parteien. Die Gründe für den Grad der Kohäsion sind indes vielfältig. Das uneinheitliche Bild der AfD ist etwa auf die andauernden Auseinandersetzungen zwischen extremistischen und nicht-extremistischen (gleichwohl radikalen) Flügeln in der Partei zurückzuführen (Heinze & Weisskircher 2021: 271–272). Im Falle der ungarischen Jobbik ist zu bedenken, dass die Partei seit Mitte der 2010er Jahre einen starken Wandel durchlaufen hat. Trat sie bis dato als rechtsextreme Partei auf, so rückte sie unter dem Eindruck der Etablierung von Fidesz als rechtsradikale Mehrheitspartei von ihren antiziganistischen und antisemitischen Positionen zumindest offiziell ab, was sowohl unter Anhänger*innen als auch innerhalb der Parteiorganisation zeitweise zu Verwerfungen führte (vgl. Hyttinen 2021; Pirro 2018).

Wenngleich die Zusammenhänge zwischen Populismus, Personalisierung und Zentralisierung politischer Entscheidungen gewisse Muster in der Organisation populistischer Parteien zeigen, so offenbart der Blick auf einzelne Parteien durchaus strukturelle Bandbreite (vgl. Mudde & Rovira Kaltwasser 2014: 383). „Die" populistische Parteiorganisation lässt sich nicht identifizieren (vgl. Böhmelt et al. 2022); wohl aber finden wir bestimmte organisatorische Spezifika vor, die in populistischen Parteien gehäuft auftauchen.

6
Ursachen und Wähler*innenschaft

Zusammenfassung

- Generell kann der Erfolg populistischer Parteien als Ergebnis ökonomischer, politischer und kultureller Modernisierung erachtet werden.
- Die Cultural-Backlash-Theorie sieht den Erfolg rechtspopulistischer Parteien als Reaktion auf den gesellschaftlichen Wertewandel. Andere Autor*innen ziehen jedoch die Bedeutung von Generationeneffekten in Zweifel.
- Welcher ideologische Typ des Populismus entsteht und reüssiert, hängt davon ab, welche Globalisierungseffekte (Handel oder Migration) sich auf die jeweilige Ökonomie negativ auswirken und politisiert werden.
- Kulturelle Faktoren spielen vor allem im Kontext des Migrations-Issues (Westeuropa, Mittel- und Osteuropa ab etwa 2015) sowie in Gestalt nationaler und

ethnischer Minderheiten (Mittel- und Osteuropa bis ca. 2015) eine Rolle. Die Wahl rechtspopulistischer Parteien erklärt sich vor allem durch die Bedeutung des Migrations-Issues.
- Linkspopulistische Parteien sind vor allem in den südeuropäischen Ländern erfolgreich, weil Migration generell, aber auch aufgrund der für Migranten restriktiveren Sozialsysteme ein weniger virulentes Thema ist. Hier richtet sich der Populismus gegen verteilungspolitische Probleme (v. a. im Zuge der Eurokrise).

Die Frage, wer populistische Parteien aus welchen Gründen wählt, wurde und wird in der Forschung leidenschaftlich diskutiert. Nicht nur in der Wissenschaft, sondern auch in der politischen Öffentlichkeit gelten populistische Parteien häufig als Gewinnerinnen von Globalisierungs- bzw. Modernisierungskrisen und die Verlierer*innen ökonomischer Transformation als deren typische Wähler*innenklientel (bspw. Spier 2006; Bajo-Rubio und Yan 2019). Andere Arbeiten verweisen darauf, dass diese Kategorisierung der komplexen Gemengelage aus soziostrukturellen Faktoren und individuellen Einstellungsmerkmalen nicht gerecht wird (z. B. Priester 2019: 28; Rooduijn 2018).[1]

Grundsätzlich trifft auf die Wahl populistischer Parteien zu, was für das Wahlverhalten insgesamt gilt: Wie Menschen wählen, entscheidet sich nur bedingt von Wahl zu Wahl neu. Die Wahlentscheidung der Bürger*innen ist das Ergebnis eines komplexen Entscheidungsprozesses, der sich in bestimmten soziostrukturellen Kontexten und

---

[1] Für eine Diskussion der verschiedenen Theorien zu den Ursachen des Populismus sei auch auf den Beitrag von Hawkins et al. (2017a) verwiesen.

vor dem Hintergrund individueller Erfahrungen, Wertvorstellungen und politischen Präferenzen vollzieht. Diese langfristigen Einstellungen werden durch Sozialisation in sozialen Gefügen ausgebildet: im Milieu, durch Erfahrungen im Kindes- und Jugendalter vor allem in der Familie (vgl. Kroh und Selb 2009). So beeinflussen langfristige und strukturelle Faktoren, wie Menschen Politik wahrnehmen, welche Präferenzen sie ausbilden und wie sie sich zu Kandidat*innen und Themen positionieren. Um diese „Einbettung" des individuellen Wahlverhaltens in situative und strukturelle Voraussetzungen abzubilden, greift die Forschung auf das Ann-Arbor-Modell zurück (Campbell et al. 1960), das die Einflüsse auf die Wahlentscheidung in Form eines Kausalitätstrichters darstellt (Abb. 6.1).

Als Heuristik ist das „Trichtermodell" für dieses Kapitel insofern nützlich, als es die Einbettung des Wahlverhaltens in gesellschaftliche Entwicklungen, seine Beeinflussung durch langfristig gewachsene Präferenzen und die Bedeutung von Einstellungsmerkmalen hervorhebt. Deshalb sollen zunächst die gesellschaftlichen und ökonomischen Entwicklungen betrachtet werden, die die

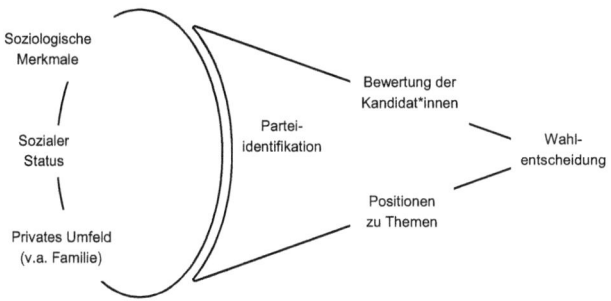

Abb. 6.1 Kausalitätstrichter des Wahlverhaltens. (Darstellung nach Campbell et al. (1960))

Kontextbedingungen für den Erfolg populistischer Parteien geschaffen haben. Im darauffolgenden Schritt wird die Performanz der politischen Parteien besprochen. Zuletzt reflektiert das Kapitel die Forschungsergebnisse zum sozioökonomischen Profil der Wähler*innen und deren individuellen Einstellungsmerkmalen.

6.1 Globalisierung und Modernisierung

Populistische Parteien werden häufig als Profiteurinnen von Modernisierungskrisen erachtet. Vereinfacht gesprochen bedeutet Modernisierung „zunächst nichts anderes als eine Entwicklung einer Gesellschaft von einem älteren Zustand in einen neuen" (Spier 2006: 34). Dass Gesellschaften nicht statisch sind, sondern sich beständig verändern, ist eine triviale Erkenntnis. Im Zuge bestimmter Modernisierungsschübe kommt es aber zu ökonomischen Spannungen, werden tradierte Wertorientierung in Frage gestellt und lösen sich soziale Gefüge auf (Decker und Lewandowsky 2017: 26). In der Folge macht sich Verunsicherung breit und sinkt das Vertrauen in die Leistungsfähigkeit und die Zufriedenheit mit der Demokratie. Modernisierung produziert auch „Verlierer*innen": Auf der einen Seite jene, die beispielsweise von sozialen Statusverlusten unmittelbar betroffen sind; auf der anderen Seite Menschen, die Angst vor dem sozialen Abstieg und dem Verlust ihrer gesellschaftlichen Position haben. Es lassen sich also mit Decker (2022: 39) eine ökonomische, eine kulturelle und eine politische Dimension unterscheiden (siehe Kasten).

Beispiel

„Ökonomisch zeigen sich diese Folgen [der Modernisierung] in steigender Lohnkonkurrenz und einem allmählichen Abbau wohlfahrtsstaatlicher Sicherungen, der die Polarisierung zwischen Arm und Reich verschärft. Wachsende Teile der Mittelschicht sehen sich mit Abstieg bedroht. Die Betroffenen müssen dabei nicht zwingend objektive Verluste erleiden (des Einkommens oder des Arbeitsplatzes). Entscheidend ist das Gefühl der eigenen Benachteiligung, das sich aus der Orientierung an bestimmten Erwartungen oder Referenzgruppen ergibt. Ein solches Gefühl kann sich auch bei Gewinnern einstellen, wenn sie glauben, im Verteilungskampf von anderen ausgenommen zu werden *(Verteilungskrise)*.

In kultureller Hinsicht bedeutet Globalisierung, dass Differenzen des Lebensstils und der moralischen Orientierung sichtbarer werden. Da sich die Migration heute – anders als früher – in zunehmenden Maße auch auf Angehörige anderer Kulturkreise erstreckt, verwandeln sich die einstmals homogenen Nationen über kurz oder lang in multiethnische und -kulturelle Gesellschaften. Die Konfrontation mit den Fremden wird von Teilen der eingesessenen Bevölkerung als Verlust der hergebrachten Identität empfunden. Dieser Verlust wiegt umso schwerer, als im Zuge von Individualisierungsprozessen auch andere Gruppenbindungen in Auflösung geraten *(Identitäts-/Sinnkrise)*.

Soziale Unsicherheit und Entfremdung führen schließlich dazu, dass Teile der Gesellschaft sich politisch nicht mehr ausreichend repräsentiert fühlen. Da der Staat seiner souveränen Handlungsfähigkeit durch die Globalisierung zunehmend beraubt wird, kann er dies nicht mehr ohne weiteres durch Leistungssteigerung wettmachen. Verlorene Handlungsspielräume lassen sich zwar auf der supra- und transnationalen Ebene partiell zurückgewinnen; gerade dadurch werden sie aber der demokratischen Kontrolle und Beeinflussbarkeit entzogen, die bislang ausschließlich im nationalstaatlichen Rahmen ihren Platz hatten *(Repräsentationskrise)*."

Quelle: Decker (2022: 39).

Diese analytische Unterscheidung mehrerer Krisendimensionen sollte allerdings nicht so verstanden werden, dass es ein „Nebeneinander" gleichwertiger Faktoren gibt, von denen entweder jeder einzelne oder nur alle gemeinsam die Gelegenheitsstruktur für den Erfolg populistischer Parteien bilden. In der Forschung koexistieren nach Manow (2021b) im Wesentlichen drei Deutungen: 1) ökonomische Ansätze, nach denen der Zuspruch zu populistische Parteien vor allem durch die mit der Globalisierung einhergehenden sozialen Verwerfungen zu erklären ist; 2) kulturelle Theorien, die den Aufstieg des Populismus als Reaktion auf Migrationsbewegungen und Integrationsprobleme sehen sowie 3) Ansätze, die von einem Zusammenwirken kultureller und ökonomischer Faktoren ausgehen. Die politische Repräsentationskrise könnte man in diesem Sinne eher als „nachgelagertes" Problem verstehen, weil es den politischen Parteien nicht gelingt, programmatische Antworten auf die beiden großen Herausforderungen der Globalisierung zu formulieren.

Einige Beachtung hat das von Norris und Inglehart (2019) entwickelte *Cultural-Backlash-Modell* erfahren. Hierbei wird der Erfolg insbesondere rechtspopulistischer Parteien auf den sich seit den 1970er Jahren vollziehenden Wertewandel ursächlich zurückgeführt, wobei ökonomische Missstände und die kulturelle Ausdifferenzierung von Gesellschaften als intervenierende Faktoren wirken (Abb. 6.2). Unter Wertewandel wird dabei die Verdrängung materialistischer (bspw. Sicherheit, materieller Wohlstand) durch postmaterialistische Werte verstanden (Inglehart 1977). Ursächlich ist dabei zweierlei (Inglehart 2008): Zum einen hat die Verbreitung der gesellschaftlichen Wohlstandsbasis nach dem Zweiten Weltkrieg unmittelbar auf das Überleben ausgerichtete Bedürfnisse in den Hintergrund treten lassen und zur

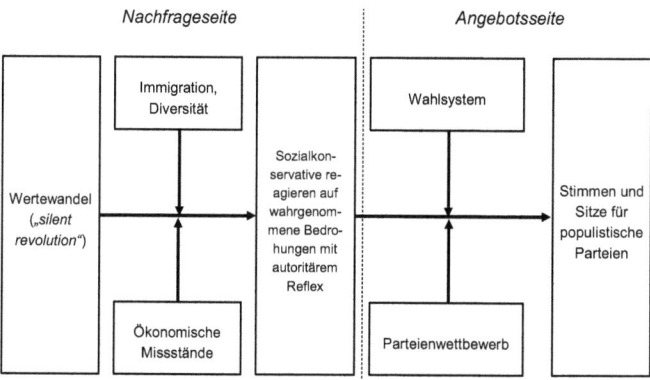

Abb. 6.2 Theoretischer Rahmen der Cultural-Backlash-Theorie. (Übersetzte und vereinfachte Darstellung nach Norris und Inglehart (2019: 33))

Herausbildung postmaterialistischer Werte geführt. Zum anderen sind Wertvorstellungen das Ergebnis von Prägungen, die vor dem Erwachsenenalter stattfinden. Folglich ist der gesamtgesellschaftliche Wertewandel vor allem in Form unterschiedlicher Wertvorstellungen zwischen den Generationen zu beobachten, weniger als Bewegung innerhalb einer bestimmten Kohorte. Postmaterialistische Werte (Selbstverwirklichung, Freiheit, sozialer Status) sind daher in jüngeren Kohorten deutlich stärker ausgeprägt, während materialistische Werte (Ordnung, Überleben, Versorgung) eher ältere Generationen kennzeichnen.

In den Parteiensystemen Westeuropas hat der Wertewandel zur Herausbildung zweier Parteienfamilien geführt (Norris und Inglehart 2019: 102): Postmaterialistische Wertvorstellungen fanden ihre Entsprechungen in den alternativen, pazifistischen und umweltpolitischen Bewegungen der 1970er Jahre und mündeten in die Entstehung grüner Parteien. Auf der anderen Seite führt die zunehmende Sichtbarkeit nicht-traditioneller

Lebensformen und die Infragestellung traditioneller Wertvorstellungen zu Bedrohungs- und Entfremdungsgefühlen bei vielen Konservativen. Sind diese zudem autoritär eingestellt, so ergibt sich daraus eine starke Intoleranz gegenüber postmaterialistischen Milieus, Unverständnis für ihren Habitus und der Wunsch nach der Wiederherstellung der tradierten Ordnung. Hinzu kommt die zunehmende Diversifizierung westlicher Gesellschaften durch Immigration vor allem aus muslimisch geprägten Ländern. Autoritär-populistische Parteien, die die Rückkehr zu einem mythischen Status quo ante zu ihrem Programm erhoben haben, sprechen dabei vor allem jene autoritär eingestellten Konservativen an, die Migrant*innen und allgemein jenen, die sie als Bedrohung für die vermeintlich „wahre" Lebensweise erachten, mit Ablehnung begegnen (ebd.: 205).

Dies geht mit einem tiefgreifenden ökonomischen Strukturwandel einher, in der die industrielle Fertigung sich zunehmend in Niedriglohnländer verlagert (ebd.: 132). Als Folge lösen sich Industrien auf, werden bestimmte berufliche Qualifikationen nicht mehr nachgefragt, sind Arbeitslosigkeit und soziale Deprivation das Ergebnis (Decker und Lewandowsky 2017: 26). Zukunftsunsicherheit und das Gefühl politischer Entfremdung haben dann zur Folge, dass sich viele Menschen von den etablierten Parteien ab- und einfachen Lösungen zuwenden. Aber: „Die Modernisierung produziert nicht nur objektive Verlierer, die dauerhaft in Erwerbslosigkeit und/oder Armut leben. Auch Personen, die nicht unmittelbar betroffen sind, sondern ihren eigenen sozialen Abstieg lediglich befürchten, können durch den Prozess verunsichert werden." (ebd.) Autoritäre und populistische Einstellungen (siehe Abschn. 6.3) sind folglich in solchen Ländern besonders stark ausgeprägt, in denen das individuelle Haushaltseinkommen unsicher und das

Armutsrisiko relativ hoch ist (Norris und Inglehart 2019: 158–160).

Der Cultural-Backlash-Theorie begegnen einige Autor*innen kritisch. Stellvertretend für die Probleme dieses Erklärungsmodells soll hier auf die empirischen Befunde von Schäfer (2021) verwiesen werden. Zunächst trennt er analytisch zwischen Autoritarismus und Populismus sowohl auf der Parteien- als auch auf der individuellen Einstellungsebene. Dabei zeigt sich, dass beide nicht stark miteinander korrelieren. So existieren sowohl autoritäre als auch nicht-autoritäre populistische Parteien, aber eben auch Einstellungsmuster der Bürger*innen, die entweder autoritär oder populistisch sind, aber häufig nicht beides. Mit Blick auf Kohortenunterschiede kommt er zu dem Schluss, dass Generationeneffekte für die Wahl autoritär-populistischer Parteien nicht so wirken wie von Norris und Inglehart (2019) dargestellt. So lassen sich zwischen den Kohorten keine signifikanten Unterschiede in den kulturellen Einstellungsmerkmalen nachweisen; zudem weisen ältere Kohorten nach Schäfer (2021) eine größere Neigung dazu auf, für „klassische" autoritäre Parteien zu stimmen (die kein populistisches Profil aufweisen), während es in jüngeren Generationen eine stärkere Bereitschaft gibt, autoritär-populistische Parteien zu unterstützen. Die „kulturelle" Komponente ist gleichwohl für die Wahl *rechts*populistischer Parteien von Bedeutung, aber viel stärker an Migration und Integration als spezifisches Issue gebunden denn an ein allgemeines Entfremdungssyndrom angesichts gesellschaftlicher Diversifizierung. Ob es sich bei der Wahl rechtspopulistischer Parteien also tatsächlich um eine „Generationenfrage" handelt, die auf den Wertewandel westlicher Gesellschaften zurückzuführen ist, kann bezweifelt werden.

Bestehen bleibt hingegen, dass für den Aufstieg populistischer Parteien sowohl ökonomische als auch kulturelle Faktoren eine Rolle spielen; Letztere vor allem im Kontext des Rechtspopulismus. Inwiefern wirken sich diese aber auf den Erfolg der Populist*innen aus? Der an die Überlegungen des Ökonomen Rodrik (2018) anschließende Ansatz von Manow (2021a: 69) besagt, dass „der populistische Protest in seiner Ausrichtung davon bestimmt wird, welche Art von *Globalisierung* [Hervorhebung durch M. L.] jeweils für die betreffende Politische Ökonomie [eines Landes bzw. einer Region] ein Problem darstellt". Populismus versteht Manow (2021b: 6) dabei als politische Antwort auf verteilungspolitische Effekte zweier Globalisierungsdimensionen: einerseits Handel bzw. Finanzströme, andererseits verschiedene Formen der Migration. Ob in einem Land eher links- oder eher rechtspopulistische Parteien erfolgreich die politische Bühne betreten, hängt dabei davon ab, welche Auswirkung der Globalisierung auf welches ökonomische Modell trifft. Rechtspopulistische Parteien profitieren demnach in nord- und westeuropäischen Ländern, wo Wohlfahrtsstaaten entweder Anreize für Arbeitsmigration schaffen oder auch Zuwanderern minimale soziale Absicherung bieten: Hier richtet sich der Populismus entweder vornehmlich gegen Arbeitsmigrant*innen oder gegen Geflüchtete (Manow 2021b: 10–11). In Mittel- und Osteuropa nimmt der Populismus eine verteilungspolitisch linke, gesellschaftspolitisch jedoch konservative Position ein (siehe Kap. 4). Manow (2020: 43) beschreibt dies als „Erbschaft des Kommunismus und seiner Abwicklung", in der „die Verbindung aus prononciertem Sozialkonservatismus mit einer sozialstaatlichen Umverteilungsagenda" die Verlierer*innen der ökonomischen Transformation nach 1990 adressiert.

In Südeuropa liegt der Fall anders. Mit Podemos und SYRIZA sind Mitte der 2010er Jahre zwei linkspopulistische Akteurinnen in den Parteiensystemen Spaniens bzw. Griechenlands aufgetaucht und konnten sich, wenngleich mit wechselhaften Wahlerfolgen, dauerhaft etablieren. SYRIZA gelang es, von 2015 bis 2019 den griechischen Ministerpräsidenten zu stellen – in einer Koalition mit den rechtspopulistischen „Unabhängigen Griechen" (ANEL). Podemos ging 2020 eine Koalition mit den Sozialdemokrat*innen und zwei weiteren linken Parteien ein. Demgegenüber sind rechtspopulistische Parteien entweder deutlich schwächer (Griechenland) oder traten erst viel später auf die Bühne (Spanien). Warum etablierten sich in diesen südeuropäischen Ländern vor allem linkspopulistische Parteien, während in anderen Teilen Europas rechtspopulistische Parteien auf den Plan traten? Manow (2020: 39–41) erklärt dies zum einen mit den ohnehin traditionell im Vergleich stärkeren linksradikalen Parteien in Südeuropa, zum anderen mit den dort besonderen ökonomischen und wohlfahrtsstaatlichen Verhältnissen. Aufgrund der starken Stellung der Gewerkschaften und entsprechend hoher Regulierungen sind die Arbeitsmärkte relativ abgeschottet gegenüber Migration. Ausländische Arbeitskräfte finden in der Regel in weniger regulierten und sozial kaum abgesicherten informellen Arbeitsmärkten Beschäftigung. Insofern stellen sie für die Bevölkerung jener Länder keine Konkurrenz um Jobs oder wohlfahrtsstaatliche Leistungen dar (Manow 2021b: 12). Hier konnten die linkspopulistischen Parteien als diejenigen auftreten, die die arbeitsmarktpolitischen Errungenschaften der „Insider" verteidigen, und zwar auch gegen die austeritätspolitische Strategie der west- und nordeuropäischen Ökonomien (Manow 2020: 42). Inzwischen haben sich aber auch in Spanien (VOX) und Portugal *(Chega)* rechtspopulistische Parteien herausgebildet. Dies kann durch situative Faktoren erklärt werden (Mendes & Dennison 2021): Zum einen begegnen die Medien den neuen Rechtsaußenparteien nicht mit derselben Stigmatisierung wie deren Vorgängerinnen. Zum anderen stieg insbesondere in Spanien die Bedeutung des Immigrationsthemas in den letzten Jahren an, blieb hingegen in Portugal nahezu gleichbleibend ohne größere Bedeutung im politischen Diskurs. So konnte VOX auch an der Wahlurne profitieren, während Chega bislang elektoral erfolglos blieb.

Wie lassen sich diese Ansätze ungeachtet kritischer Überlegungen miteinander verbinden? Im Cultural-Backlash-Modell fallen ökonomische Probleme auf einen fruchtbaren Boden, der durch den allgemeinen Wertewandel und die mit ihm einhergehende Verunsicherung gerade älterer Kohorten und bestimmter sozialer Gruppen erst geschaffen wurde. Demgegenüber vermögen „kombinierte" Modelle, wie etwa der Ansatz von Manow, den Populismus auf zum einen distinkte, zum anderen miteinander zusammenhängende und einander bedingende Effekte der Globalisierung zurückführen. Ökonomische und kulturelle Faktoren sind dann eingebettet in die spezifischen regionalen ökonomischen Kontexte, die die Erfolgsbedingungen der populistischen Parteien unterschiedlicher ideologischer Couleur bilden. Hinzu kommen situative Gelegenheitsstrukturen wie thematische Trends, die die Popularität populistischer Parteien begünstigten oder ihr entgegenwirken können.

Dies verweist auf die Fähigkeit der Mainstream-Parteien, politische *demands* der Bürger*innen in Programme zu übersetzen und somit zu repräsentieren. An eine Krise dieser Funktion schließen die populistischen Parteien unmittelbar an. Dies wird im folgenden Abschnitt betrachtet.

6.2 Politische Repräsentationskrise

Ökonomische und kulturelle Modernisierung bedingen den Erfolg populistischer Parteien nicht unmittelbar. Auf der einen Seite werden sie von Bürger*innen innerhalb ihrer jeweiligen sozialen Kontexte, vor dem Hintergrund ihrer Erfahrungen und Sozialisation und durch die Brille ihrer Orientierungen und Parteipräferenzen bewertet. Auf der anderen Seite besteht die Funktion der politischen Parteien in der Verarbeitung gesellschaftlicher Veränderungsprozesse durch die Artikulation und Aggregation von Interessen. Versagen die linken und rechten Mainstream-Parteien als „Transmissionsriemen" und werden relevante Forderungen innerhalb der Bevölkerung nicht (mehr) in politische Angebote übersetzt, so entsteht eine Repräsentationskrise, von der Populist*innen unmittelbar profitieren können (Huber und Ruth 2017). Es gibt Hinweise darauf, dass populistische Einstellungen in Krisenszenarien „aktiviert" werden, in denen die bestehenden Parteiensysteme nicht in der Lage sind, die Bedürfnisse einer großen Zahl von Bürger*innen in diesem Sinne zu integrieren (Hawkins et al. 2020). Das kann etwa dann der Fall sein, wenn die Mainstream-Parteien sich ideologisch bzw. thematisch stark annähern, sodass sie den Raum für das Entstehen einer neuen Partei öffnen. Die Befunde der Forschung hierzu sind nicht eindeutig (Mudde 2007: 238–239). Während für ideologische Konvergenz – auch aufgrund der jeweiligen Fallauswahl – kein positiver Effekt auf die Stärke der Rechtspopulist*innen gefunden werden kann, profitieren diese jedoch dann, wenn die Mainstream-Parteien das Immigrationsthema selbst akzentuieren (Arzheimer 2018). Dies scheint das Dilemma der Repräsentationskrise für die Mainstream-Parteien zu illustrieren: Auf der einen Seite stoßen gerade rechtspopulistische Akteur*innen in eine thematische Lücke. Auf der anderen Seite stärkt das Engagement der Mainstream-Parteien in diesen Themen – vor allem im Bereich Migration/Integration – die rechtspopulistische Agenda (siehe Abschn. 7.3).

Die Ursachen für diese Repräsentationslücke sind zudem nicht allein bei den Parteien selbst zu suchen. Sie agieren in einem Kontext, den sie selbst nur begrenzt beeinflussen. Das bezieht sich zum einen auf die Nachfrage der Wähler*innen, auf die die Parteien höchstens mittelbar einwirken können. Die durch die sozialen Voraussetzungen bedingte Parteiidentifikation, die den Parteien eine relativ stabile Wähler*innenschaft bescherte, ist im internationalen Vergleich seit den 1980er Jahren rückläufig (Berglund et al. 2005: 109). Zum anderen ist die Reichweite nationalstaatlicher Politik durch die Verlagerung von Entscheidungen in die Europäische Union als supranationales System zunehmend begrenzt. Zwar sind etwa die Organe der EU demokratisch legitimiert: entweder direkt (Parlament) oder indirekt, weil sie von Vertreter*innen der nationalen Regierungen gebildet werden (Rat der Europäischen Union). Aufgrund der komplizierten, teils intransparenten Prozesse lassen sich die getroffenen Entscheidungen nicht mehr eindeutig an den Wähler*innenwillen rückbinden. In einem komplexer werdenden, supranationalen politischen System ist diese Kette allerdings inzwischen so lang und kompliziert, dass sie zu reißen droht (vgl. Scharpf 1993: 165–166). Populistische Parteien scheinen dadurch doppelt begünstigt zu werden. Einerseits können sie die Mainstream-Parteien für ihren vermeintlichen Mangel an Politik „im Namen des Volkes" geißeln und unter Missachtung des Systemkontexts selbst radikale Lösungen präsentieren. Auf der anderen Seite richten sich die

Populist*innen gegen die supranationalen und intergouvernementalen Systeme selbst, indem sie sie als Moloch und ihre Vertreter*innen als Technokrat*innen zeichnen, die weit entfernt von den Interessen der Bürger*innen entscheiden. Es verwundert demnach nicht, dass gerade rechtspopulistische Parteien im europäischen Kontext euroskeptisch auftreten und den Verlust nationalstaatlicher Souveränität und Identität beklagen (Ketelhut et al. 2016).

Entscheidend ist also die politische „Übersetzung" der Krise durch die populistischen Parteien: es muss eine Angebotslücke im Parteiensystem geben, die diese ausfüllen könnten. Zum anderen muss für dieses Angebot der Populist*innen auf der Einstellungsebene eine entsprechende Nachfrage bestehen: nicht jeder Mensch, der von einer ökonomischen Schieflage betroffen ist – etwa in Form von Arbeitslosigkeit – wählt gleich eine populistische Partei. Insofern ergibt der Zusammenhang zwischen Populismus und Modernisierung erst bei Hinzuziehen der parteieinbezogenen sowie der individuellen Faktoren ein schlüssiges Gesamtbild.

6.3 Merkmale der Wähler*innenschaft

Die Mikroebene umfasst die individuellen Einstellungen und politischen Präferenzen, die die Wahlentscheidung zugunsten populistischer Parteien beeinflussen. Vereinfacht lautet die Frage: Wer wählt populistische Parteien und warum? Dabei lassen sich zweierlei Dimensionen unterscheiden. Erstens ist nach sozioökonomischen Eigenschaften zu fragen. Grob gesagt geht es hierbei um die Frage, ob die Wahl populistischer Parteien etwa in bestimmten Schichten,

Bildungsgruppen oder Geschlechtern stärker ausgeprägt sind als in anderen. Zweitens liegt der Fokus auf Einstellungen und Issue-Orientierungen, also darauf, inwieweit Wertvorstellungen und thematische Präferenzen zur Wahl populistischer Parteien beitragen.

6.3.1 Sozioökonomisches Profil

Wir haben in Abschn. 6.1 gesehen, dass bestimmte wirtschaftliche bzw. kulturelle Effekte der Globalisierung die Popularität links- und rechtspopulistischer Parteien begünstigen. Weiterhin wurde ausgeführt, dass es den Mainstream-Parteien nicht gelingt, die Auswirkungen der Globalisierung programmatisch zufriedenstellend zu beantworten, sodass sich für populistische Herausforderer*innen ein Gelegenheitsfenster öffnet. Vor diesem Hintergrund liegt die Annahme nahe, dass es die ökonomischen Verlierer*innen der Globalisierung, d. h. die von sozialem Abstieg bedrohten Gruppen sind, die eine erhöhte Neigung zur Wahl populistischer Parteien aufweisen.

Sicherlich gehört die einfache Frage, *wer* populistische Parteien wählt, zu den meistdiskutierten Problemen im Feld. Eine gängige These lautet, dass Populist*innen vor allem von „Modernisierungsverlierer*innen" gewählt werden, also jenen Personen, die von ökonomischer Transformation negativ betroffen sind – etwa, weil bestimmte Industriezweige abwandern, Qualifikationen nicht mehr nachgefragt werden und sie mit dem Verlust ihres sozialen Status konfrontiert sind. Die Befunde empirischer Arbeiten hierzu sind allerdings nicht eindeutig. Während die Wähler*innenschaft des französischen Rassemblement National tatsächlich in Gruppen mit niederem sozialem Status zu suchen ist (Ivaldi 2019), fällt etwa das Urteil zur deutschen AfD weniger eindeutig aus. So konnte einerseits für soziostrukturelle Merkmale (bspw. untere Einkommensschichten) eine höhere Wahrscheinlichkeit für die Wahl der AfD nachgewiesen werden (Lengfeld 2017). Im Gesamtbild zeigt sich andererseits zwar eine deutliche Präsenz der Arbeiter*innenschaft und niedrigerer Statusgruppen im Elektorat der Partei, aber insgesamt ergibt dieses ein eher im Bevölkerungsmittel liegendes Bild (Bergmann et al. 2018).

Auch, wenn Rooduijn (2018: 363) zumindest für Die Linke und die niederländische SP zeigen kann, dass Menschen mit höherem Einkommen mit geringerer Wahrscheinlichkeit Linkspopulist*innen unterstützen, so schwankt die Erklärungskraft sozioökonomischer Faktoren – etwa Arbeitslosigkeit oder formaler Bildungsgrad – zwischen den populistischen Parteien verschiedener europäischer Länder deutlich. Mit anderen Worten: Ein geringerer ökonomischer Status führt nicht in allen Ländern auch zu einer höheren Wahrscheinlichkeit für Unterstützung von Populist*innen. Noch komplexer wird es, wenn man die Elektorate linkspopulistischer, rechtspopulistischer und nicht-populistischer Parteien vergleicht. So können Santana und Rama (2018: 569) in ihrer Studie neun europäischer Länder keine signifikanten Unterschiede zwischen den Wähler*innen von Linkspopulist*innen und denen nicht-populistischer linker Parteien nachweisen. Wohl aber unterscheiden sie sich stark von den Wähler*innen rechtspopulistischer Parteien. Letztere weisen im Vergleich einen eher niedrigen Bildungsstatus auf, sind eher älter und leben weniger häufig in urbanen Milieus, wohingegen jüngere, urbane und besser gebildete Wähler*innen eher zur Wahl linkspopulistischer Parteien neigen. Auch zeigt sich ein Zusammenhang mit dem Geschlecht. Allgemein werden populistische Parteien eher von Männern als von Frauen gewählt. Das betrifft besonders rechtspopulistische

Parteien zu, in geringerem Maße Linkspopulisten (Spierings und Zaslove 2017). Angesichts des traditionellen Geschlechterbildes, das die meisten rechtspopulistischen Parteien vertreten, ist dieser Befund nicht verwunderlich. Jedoch sollte nicht außer Acht gelassen werden, dass eine recht große weibliche Minderheit rechtspopulistische Parteien durchaus unterstützt (ebd.: 839). Auch eingedenk immer häufiger werdenden weiblichen Führungspersonen rechtspopulistischer Parteien (bspw. Marine Le Pen, Alice Weidel) muss der Bezeichnung der „Männerpartei" mit Blick auf die Wähler*innenebene mit Zurückhaltung begegnet werden (Dietze 2022: 277).

Von einem sozioökonomisch „typischen" Wähler*innenprofil populistischer Parteien kann man vor dem Hintergrund dieser teils disparaten Befunde nur mit einiger Vorsicht sprechen. Um den Erfolg populistischer Parteien zu verstehen, muss man neben diesen Eigenschaften auch die individuellen Einstellungen untersuchen. Dies wird der nächste Abschnitt leisten.

6.3.2 Einstellungen und Orientierungen

Lässt sich mittels sozioökonomischer Merkmale beschreiben, *wer* populistische Parteien wählt, so kann durch die Analyse von Einstellungsmerkmalen und Orientierungen ermittelt werden, *warum* ein*e Bürger*in sich bei einer Wahl für eine populistische Partei entscheidet. Bei der Analyse des Parteienwettbewerbs geht man von einer marktförmigen Struktur aus (Downs 1957): Da Parteien jeweils eine möglichst große Zahl von Wähler*innen erreichen wollen, richten sie ihr Angebot – also ihre Parteiideologie, ihre thematischen Positionen und die Auswahl ihres Personals – an der von ihnen angenommenen Nachfrage aus. Wähler*innen wiederum entscheiden sich entweder für eine bestimmte Partei, weil sie sich von deren Angebot angesprochen fühlen (Anziehungseffekte) oder weil ihnen andere Parteien als weniger attraktiv erscheinen, sie also ihre Stimme dem sprichwörtlichen „kleineren Übel" geben (Abstoßungseffekte) (Wagner 2021: 255).

Eine Erklärung für die Wahl populistischer Parteien wird oftmals in jenem letzteren Verhalten gesehen: Obwohl sie eigentlich mit der Ideologie, den Positionen oder den Kandidat*innen der populistischen Parteien nicht einverstanden sind, geben ihnen viele Menschen ihre Stimme, um Protest gegen die Parteien des Mainstreams zu artikulieren (O'Brien 2015; Aron und Superti 2021). In Mittel- und Osteuropa ist die Wähler*innenschaft populistischer Parteien im länderübergreifenden Vergleich tatsächlich alles andere als ideologisch homogen; Ähnlichkeiten bestehen vor allem hinsichtlich des geringen politischen Vertrauens, das die Unterstützung für die Populist*innen fördert (Engler 2020). Die Wahl populistischer Parteien wird gern als „Denkzettel" für die herrschende Politik dargestellt (Mudde 2007: 226). Andere Befunde der Forschung ergeben ein differenzierteres Bild. Obschon politische Unzufriedenheit bei der Wahl populistischer Parteien eine Rolle spielt, weisen zahlreiche Studien nach, dass die Unterstützung populistischer Parteien wesentlich substanzieller ist, als der Verweis auf die „Protestwahl" es vermuten lässt (bspw. van Hauwaert und van Kessel 2018; Schwarzbözl und Fatke 2016; Wagner et al. 2020). Es besteht also ein „Zug" zu den populistischen Parteien hin; ihre Unterstützung kann nicht allein auf Abstoßungseffekte zurückgeführt werden. Das bestätigt die These der „Repräsentationslücke": Populistische Parteien formulieren ein vom Mainstream klar unterscheidbares Angebot, das auf dem Wähler*innenmarkt tatsächlich nachgefragt wird.

Ideologie und Themen: Im ideologischen Profil der Wähler*innen links- und rechtspopulistischer Parteien zeigen sich sowohl Überschneidungen als auch deutliche Unterschiede. Zunächst weisen Wähler*innen linkspopulistischer Parteien eine deutliche Präferenz pro Umverteilungspolitik und ein generell eher linkes ideologisches Profil auf (Marcos-Marne 2021). Unterstützer*innen der Rechtspopulist*innen präferieren vor allem eine restriktivere Migrationspolitik (Iversflaten und Stubager 2013). Allerdings zeigt sich im empirischen Vergleich, dass sowohl links- als auch rechtspopulistische Wähler*innen sowohl euroskeptisch sind als auch häufig negative Einstellungen zur Immigration aufweisen. Das stützt die These, dass beide Formen des Populismus auf die Auswirkungen der Globalisierung zurückzuführen sind (Santana und Rama 2021, siehe Abschn. 6.1). Dass sich in der Wahl populistischer Parteien eine demokratiepolitische Repräsentationslücke manifestiert, zeigt sich auch an den Präferenzen populistischer Wähler*innen für bestimmte demokratische Institutionen und Prozesse. So befürworten sie häufig – ebenso wie die Parteien selbst – direktdemokratische Verfahren (Mohrenberg et al. 2019). Die Analyse der Wähler*innenschaft links- und rechtspopulistischer Parteien in Deutschland zeigt, dass zum einen ein starker Zusammenhang zwischen demokratischer Unzufriedenheit und der Befürwortung direktdemokratischer Verfahren besteht (Grotz und Lewandowsky 2020). Zum anderen variieren die Präferenzen für bestimmte Verfahren zwischen den Elektoraten. Wähler*innen der Partei Die Linke (sowie der Grünen) bevorzugen Formen, die auf stärkere Partizipation der Bürger*innen bei der Einbringung von Gesetzen hinwirken, während die Unterstützer*innen der AfD insbesondere Referenden zur Kontrolle der politischen Eliten bejahen (ebd.).

Populistische Einstellungen: Die Wähler*innen populistischer Parteien sind häufig durch Misstrauen in die Politik (Rooduijn 2018), Unzufriedenheit mit dem Zustand der Demokratie generell sowie geringes Vertrauen in die Responsivität der Akteur*innen und Institutionen gegenüber den eigenen Anliegen geprägt (McManus 2021). Des Weiteren haben populistische Einstellungen für die Wahl populistischer Parteien starke Vorhersagekraft. Insofern artikulieren die entsprechenden Parteien genau jene Vorstellung der „korrupten Eliten" und des „guten Volkes", die auch die Haltung eines großen Teils der Bürger*innen zur Demokratie kennzeichnen (Akkermann et al. 2014). So stimmen populistisch eingestellte Wähler*innen selbst dann für eine populistische Partei, wenn sie in Sachfragen von deren Position abweichen (van Hauwaert und van Kessel 2018). Dieses Phänomen ist – mit einigen Unterschieden – sowohl bei links- als auch bei rechtspopulistischen Parteien zu beobachten. Loew und Faas (2019: 504) demonstrieren die kompensatorische Wirkung populistischer Einstellungen im deutschen Kontext. Demnach lassen sich die Wähler*innen populistischer Parteien in zwei Gruppen einteilen. Auf der einen Seite stehen jene, die die populistischen Parteien aufgrund ihrer politischen Präferenzen wählen. Für diese Gruppe stehen populistische Parteien zuvorderst für einen radikalen Politikwechsel. Eine zweite Gruppe von Wähler*innen ist inhaltlich weitaus weniger radikal als die erste Gruppe. Ihre themenbezogenen Positionen unterscheiden sich damit auch von denen der populistischen Parteien. Dass sie ihnen dennoch ihre Stimme geben, liegt am Populismus selbst. Für die eine Gruppe füllen die Populist*innen also eine thematische bzw. ideologische Lücke; für die andere sind sie attraktiv, weil sie ihren Einstellungen bezüglich der Demokratie und ihrer Eliten am nächsten kommen. Selbst, wenn sie sich hinsichtlich ihrer Themenorientierung und ihrer Ideologie unterscheiden, ähneln sich die Wähler*innen links- und rechtspopulistischer Parteien im Grad ihrer populistischen Einstellungen (Akkerman et al. 2017). Das spricht dafür, dass linke wie rechte populistische Parteien nicht nur eine thematische Lücke füllen, sondern dass der Populismus als spezifische, demokratiepolitisch substantiierte Protestform ihren Erfolg bedingt.

Autoritäre Einstellungen: Populistisch eingestellte Bürger*innen sind zwar mit dem Zustand der Demokratie unzufrieden, unterstützen aber Demokratie als Prinzip, wenngleich sie auf die uneingeschränkte Umsetzung des Mehrheitsprinzips bestehen (Zaslove & Meijers 2021). Zu den Wähler*innen rechtspopulistischer Parteien gehören jedoch auch Personen, die autoritäre Einstellungen aufweisen und die Demokratie grundsätzlich für eine schlechte Regierungsform halten (Donovan 2019). Folglich sind in vielen Ländern Präferenzen für starke Führungspersönlichkeiten, die am Parlament vorbei regieren und auf Wahlen keine Rücksicht nehmen müssen, starke Prädiktoren für die Wahl rechtspopulistischer Parteien (Donovan 2021). Populistische und autoritäre Einstellungen hängen aber nicht systematisch miteinander zusammen (Schäfer 2021; siehe Abschn. 6.1). Es handelt sich also oftmals um verschiedene Wähler*innengruppen, die beide zur Wahl rechtspopulistischer Parteien neigen. Das stützt die Überlegung, dass populistische Parteien neben den Issues, die sie besetzen, eine demokratische Konfliktlinie abbilden. Deren Wähler*innen sind vor allem in ihrer Unzufriedenheit mit dem gegenwärtigen Zustand geeint, unterscheiden sich aber in ihren Präferenzen für populistische oder autoritäre Politikalternativen.

Diese Befunde sollen nicht den Umstand verschleiern, dass sozioökonomische Eigenschaften und Einstellungsmerkmale häufig miteinander zusammenhängen. Unterschiedliche Studien weisen darauf hin, dass etwa die Ablehnung von Migrant*innen vor allem in den Gruppen mit niedrigerem sozialem Status ausgeprägt ist, die von den Effekten der Globalisierung bedroht sind und Angst vor der Erosion ihres Status, vor Arbeitslosigkeit und Identitätsverlust haben (Rooduijn 2015: 6). Auch häufen sich negative Einstellungen zur Demokratie in unteren sozialen Statusgruppen stärker als in sozial besser situierten Gruppen. Im europäischen Vergleich ist die Zufriedenheit mit der Demokratie etwa unter Menschen mit höherer Bildung und besserem Einkommen signifikant höher als etwa bei Menschen, die von Arbeitslosigkeit betroffen sind (Schäfer 2010: 147). Insofern spiegeln individuelle Einstellungen bestimmter sozialer Milieus genau jene negativen Effekte der Globalisierung und bilden einen fruchtbaren Nährboden für populistische Parteien.

7

Auswirkungen und Gegenstrategien

Zusammenfassung

- Neben der Nutzung parlamentarischer Kontrollinstrumente präsentieren sich populistische Parteien im Parlament vor allem als alleinige Vertreterinnen des Volkes und nutzen die parlamentarische Bühne für Angriffe gegen die etablierten Parteien.
- An der Regierung nutzen populistischen Parteien oftmals Techniken, die auf die Konsolidierung ihrer Macht, die Mobilisierung ihrer Unterstützer*innen sowie die Aushöhlung institutioneller Kontrollmechanismen abzielen.
- In einigen Ländern Europas geht mit rechtspopulistischen Regierungen eine starke Verminderung der demokratischen Qualität einher. Dies bezieht sich vor allem auf die Kontrolle von Medien und Verfassungsgerichten durch die Regierung.

- Gegenstrategien im Umgang mit dem Populismus zielen auf Kooperation bzw. inhaltliche Annäherung (Engage) oder auf Stigmatisierung und Ausgrenzung ab (Disengage). Aus der Forschung lässt sich zwar keine ideale Gegenstrategie ableiten. Die Übernahme von Positionen und Framings der Rechtspopulisten leistet jedoch der Etablierung und Normalisierung der rechtspopulistischen Parteien und ihrer Themen Vorschub, ohne eine erfolgreiche Rückgewinnung von Wähler*innen zu garantieren.

Das Funktionieren der repräsentativen Demokratie hängt davon ab, dass ihre Eliten bestimmte Normen akzeptieren und diese Normen die Grundlage für das Handeln innerhalb der Institutionen sind (Levitsky und Ziblatt 2018). Populist*innen akzeptieren diesen Grundsatz oftmals nicht. Die Wahlerfolge populistischer Parteien, ihr Einzug in zahlreiche Parlamente und ihre Beteiligung an manchen Regierungen bleiben für die politischen Systeme Europas nicht ohne Konsequenzen.

Zum Geschäftsmodell des Populismus gehört es, dass er der Logik des Elitenkonsenses, der Verhandlungen und der Inklusion in den demokratischen Institutionen feindlich gegenübersteht. Insofern begeben sich Populist*innen – aus ihrer eigenen Sicht – in die „Höhle des Löwen". Die folgenden Abschnitte sollen darlegen, wie sie sich Populist*innen im Parlament und an der Regierung präsentieren, von welchen Mitteln der parlamentarischen Kontrolle bzw. der Regierungsmacht sie Gebrauch machen und wie sie sich darin von den Mainstream-Parteien unterscheiden. Zuletzt wird in vergleichender Manier gezeigt, welche Auswirkungen der Populismus auf die nationalen Demokratien hat.

7.1 Populistische Parteien im Parlament

Um das Handeln von Populist*innen im Parlament nachzuvollziehen, bietet es sich an, zunächst zwischen den parlamentarischen Funktionen zu unterscheiden.[1] Dabei handelt es sich erstens um Kontrolle der Regierung durch das Parlament, etwa durch öffentliche Fragestunden, Untersuchungsausschüsse oder Anfragen. In Gestalt der Willensbildungsfunktion nimmt das Parlament zweitens die Aufgabe wahr, relevante Interessen innerhalb der Bevölkerung zu artikulieren und zu diskutieren. In parlamentarischen Systemen, in denen die Regierung aus dem Parlament hervorgeht und vom Parlament auch abberufen werden kann, ist zuletzt die Regierungsbildungsfunktion zu nennen. Dieser Typus zeichnet – neben semi-präsidentiellen Varianten, in denen dem*der vom Parlament bestimmten Premierminister*in ein*e vom Volk direkt gewählte*r Präsident*in gegenüber gestellt wird (Duverger 1980) – den Großteil der Demokratien in Europa aus. Da sich die Regierung damit in der Regel auf eine parlamentarische Mehrheit stützen kann, entfällt nachfolgend die eigenständige Betrachtung der Legislativ- und der Regierungsbildungsfunktion. Diese werden in Abschn. 6.2 genauer untersucht.

- *Kontrollfunktion:* Empirische Studien aus den Niederlanden zeigen, dass populistische Oppositionsparteien (PVV und SP) im Parlament vor allem von der Möglichkeit Gebrauch machen, die Regierung zu kontrollieren (Louwerse und Otjes 2019): Ihre Nutzung schriftlicher und mündlicher Anfragen übersteigt

---

[1] Siehe diese Einteilung auch bei Maatsch & Miklin (2021: 762–764).

quantitativ deren Anwendung durch andere, nicht-populistische Oppositionsparteien. Ein ähnliches Bild zeigt sich in Deutschland. In der 19. Wahlperiode des Bundestages (2017-2021) entfielen rund 54% der Großen Anfragen auf die AfD. Auf der Landesebene nutzte die AfD Kleine Anfragen stark und konzentrierte sich dabei auf ihre Kernthemen Migration und Sicherheit (Schroeder et al. 2022: 585–587). Die Ausübung parlamentarischer Kontrolle entfällt hingegen fast völlig, wenn die populistische Partei selbst die Regierung stellt. Im Falle Ungarns stimmte die von Fidesz gestellte parlamentarische Mehrheit am Anfang der Corona-Pandemie der Übertragung von Legislativrechten auf die Regierung zu und entmachtete sich damit selbst (Ilonszki & Vajda 2021; siehe Abschn. 6.2).

- *Willensbildungsfunktion:* Einmal im Parlament vertreten, streben populistische Parteien danach, ihre Themen auf die Agenda zu setzen und die etablierten Parteien auf der wichtigsten Bühne der Demokratie direkt anzugreifen. Im Falle linkspopulistischer Parteien bewegen sich diese im Bereich Wohlfahrtsstaat und progressive Gesellschaftspolitik; Rechtspopulist*innen thematisieren vor allem Migration (Otjes und Louwerse 2015). Gemäß ihrem „demokratischen Versprechen" bringen linke wie rechte populistische Parteien die Einführung direktdemokratischer Reformen auf das Tableau, bemängeln Demokratieabbau und äußern Kritik gegenüber der Europäischen Union (ebd.). Aus Plenarreden des Deutschen Bundestages gewonnene Daten zeigen, dass populistische Parteien in zweierlei Hinsicht eine einzigartige Position in den Parlamenten einnehmen. Das gilt einerseits mit Blick auf ihre thematische Orientierung, in der sich vor allem die rechtspopulistische AfD deutlich von den anderen Parteien unterscheidet. Zum anderen bezieht sich dieser Befund auf den Populismus selbst, von dem die Mainstream-Parteien auch in Plenardebatten wesentlich weniger Gebrauch machen (Lewandowsky et al. 2022b).

Welche Auswirkungen die Präsenz von Populist*innen im Parlament hat, hängt von deren Stärke innerhalb der Legislative ab (Maatsch und Miklin 2021): Sind die Fraktionen groß genug, dass sie allein die Regierung stellen können, so schwächen sie das Parlament zugunsten der Exekutive (Polen, Ungarn). Ist die populistische Partei der kleinere Teil einer Koalitionsregierung (Finnland), so bleiben die negativen Effekte gering.

7.2 Populisten an der Regierung

Spielten populistische Parteien für die Regierungsbildungen in Europa in den 1990er Jahren eine vergleichsweise geringe Rolle, so waren und sind sie etwa seit Beginn der 2000er an zahlreichen Regierungen beteiligt. In Südeuropa handelt es sich dabei vor allem um Linkspopulist*innen (Spanien, Griechenland), in den sonstigen europäischen Ländern in aller Regel um rechtspopulistische Parteien (bspw. Norwegen, Österreich). In Mittel- und Osteuropa (Polen, Ungarn) regieren Rechtspopulist*innen mit teils komfortablen Mehrheiten.

Für rechte Mainstream-Parteien (Christdemokratie, Konservative) kann eine Koalition mit Rechtspopulist*innen durchaus attraktiv sein. Dafür müssen sie annehmen, dadurch einige ihrer eigenen Positionen – etwa in der Integrationspolitik – besser umsetzen zu können als in anderen Konstellationen. Gleichzeitig müssen sie jedoch erwarten, starken Einfluss auf die Zusammensetzung des Kabinetts ausüben zu können, um ihre Macht innerhalb der Regierung zu sichern (de Lange 2012: 914).

Innerhalb populistischer Parteien wiederum ist die Regierungsbeteiligung dennoch eine umstrittene Option. Populist*innen präsentieren sich ja gerade als Vertreter*innen des „Volkes" gegen das politische „Establishment". Verhandlungslösungen, wie sie etwa in Koalitionen oder unter den Bedingungen gegenläufiger Mehrheiten getroffen werden (bspw. in Minderheitsregierungen oder bei einer starken zweiten Parlamentskammer), widersprechen der propagierten Logik, nach der nur jene Entscheidungen demokratisch sind, die dem homogenen „Volkswillen" vollständig entsprechen. Es verwundert daher beispielsweise nicht, dass der ehemalige Co-Fraktionsvorsitzende der AfD, Alexander Gauland, im Jahr 2016 bemerkte, seine Partei solle eine Regierungsbeteiligung nicht riskieren, bevor sie an Größe und Erfahrung – also an Stabilität – gewonnen habe (bspw. Neff 2018). Die von Gauland skizzierte Strategie stellt im internationalen Vergleich aber nicht die Regel dar. Mit Ausnahme der Partei Die Finnen (*Perussuomalaiset;* PS) im Jahr 2011 lehnen Populist*innen das Angebot zum Regierungsbeitritt selten ab (Akkerman et al. 2016: 12).

Tab. 7.1 gibt einen Überblick über die Zahl der Kabinette mit populistischen Parteien in Europa von 1990 bis Anfang 2021. In 18 Ländern wurde zumindest zeitweise unter Einschluss populistischer Parteien regiert. In manchen ist dies bei Weitem keine Ausnahme. In der Schweiz ist die SVP seit 1959 im Bundesrat vertreten.[2] Über die Hälfte aller bulgarischen Kabinette enthält populistische Parteien; in einem Großteil der Regierungen stellt die GERB (Graschdani sa Ewropejsko Raswitie

---

[2] Die parteipolitische Zusammensetzung des Schweizer Bundesrates hängt allerdings nicht vom Ausgang der jeweiligen Wahl ab, sondern wird durch die sogenannte „Zauberformel" dauerhaft festgelegt.

Tab. 7.1 Anteil der Kabinette mit populistischen Parteien in europäischen Ländern, 1990–2021[3]

Land	Anzahl Kabinette	Anteil Kabinette unter Einschluss populistischer Parteien (%)	Anteil Kabinette mit Regierungschef*in der populistischen Partei (%)
Bulgarien	10	55,5	44,4
Estland	17	5,9	0
Finnland	16	12,5	0
Griechenland	12	16,7	16,7
Italien	17	35,3	35,3
Kroatien	11	9,1	0
Lettland	22	4,5	0
Litauen	18	33,3	0
Niederlande	8	12,5	0
Norwegen	10	20	0
Österreich	13	30	0
Polen	18	27,8	27,8
Rumänien	25	4	0
Schweiz	7	100	0
Slowakei	17	47,1	41,7
Slowenien	17	17,6	17,6
Tschechische Republik	15	20	13,3
Ungarn	11	18,1	18,1

Daten basieren auf dem ParlGov-Datensatz (Döring und Manow 2019); eigene Erweiterung bis 2021. Beinhaltet alle Kabinette und Kabinettsumbildungen. Geschäftsführende Kabinette sind nicht inbegriffen. In nicht aufgeführten Ländern waren bis Ende 2021 keine populistischen Kabinette an der Regierung. Politische Einordnung der Parteien auf Grundlage der PopuList (Rooduijn et al. 2019).

---

[3] Neben den in der Tabelle genannten Ländern enthält der Datensatz folgende europäische Länder, in denen keine populistische Partei an der Regierung beteiligt war: Belgien, Dänemark, Deutschland, Estland, Irland, Island, Luxemburg, Malta, Portugal, Schweden, Spanien und das Vereinigte Königreich. Kabinette, die Stand 31. Dezember 2021 noch im Amt waren, wurden nicht gewertet. Gezählt wurden nur Koalitionsbeteiligungen. Minderheitsregierungen wurden nicht berücksichtigt. In Dänemark etwa tolerierte die DF eine konservativ-liberale Minderheitsregierung zwischen 2001 und 2011, war aber selbst nicht Teil des Kabinetts.

na Balgaria; Bürger für eine europäische Entwicklung Bulgariens) die Mehrheit. Daneben führten in Griechenland, Italien, Polen, der Slowakei, Slowenien, Tschechien und Ungarn populistische Parteien Koalitionen an oder stellten die Regierung gar allein. Im italienischen Fall schließt dies auch die Kabinette Conte I und II ein. Giuseppe Conte amtierte von 2018 bis 2021 als Ministerpräsident, trat der M5S aber erst im Februar 2021 bei und trat selbst nicht als Populist auf.

Bei den Regierungen unter Einschluss populistischer Parteien handelt es sich häufig um Mitte-Rechts-Koalitionen, wie etwa in Österreich (Kabinette Schüssel, Kurz I) oder Italien (Berlusconi-Regierungen), wobei im Falle Berlusconis der Ministerpräsident selbst populistisch auftrat und mit einer anderen rechtspopulistischen Partei (Lega Nord) regierte. In den polnischen PiS- bzw. ungarischen Fidesz-Regierungen handelt es sich entweder um Koalitionen unter der Führung einer rechtspopulistischen Partei oder um deren Alleinregierung. Andere Konstellationen bestehen im Zusammengehen ideologisch verschiedener, gleichwohl populistischer Partnerinnen. Hierzu kann etwa die italienische M5S/Lega-Regierung (2018–2021) gezählt werden, aber auch die griechische Koalition aus SYRIZA und ANEL, die von 2015 bis 2019 im Amt blieb. Die ideologische Einordnung der mittel- und osteuropäischen populistischen Parteien fällt nicht immer leicht. So vereinen sie oft eine ökonomisch eher staatsorientierte mit einer kulturell eher rechten Position (Engler et al. 2019; siehe Abschn. 4.1). Andere Parteien treten mit einem eklektischen Potpourri auf, so etwa die tschechische ANO 2011, deren ideologischer Pragmatismus sich auch aus der Philosophie ihres Vorsitzenden Babiš erklärte, den Staat wie ein Unternehmen führen zu wollen. Ein anderes Beispiel ist die slowakische Smer-SD. An mehreren slowakischen

Regierungen führend beteiligt, ist die Smer nominell sozialdemokratisch, tritt aber im Gegensatz zu ihren Schwesterparteien nicht gesellschaftspolitisch progressiv, sondern nationalistisch auf (Bachmann 2006: 228).

7.2.1 Techniken und Auswirkungen populistischen Regierens

Wie wirkt sich eine populistische Regierungsbeteiligung auf die Demokratie aus? Es erscheint sinnvoll, bei der Analyse zwei Dimensionen zu unterscheiden. Einerseits ist nach den *Techniken* der Machtausübung zu fragen, also danach, wie populistische Parteien sich an der Regierung verhalten. Auf der anderen Seite stehen die *Auswirkungen* populistischen Regierens, also die Frage, inwiefern populistische Parteien die Gestalt liberaler Demokratien verändern.

An der Regierung setzen Populist*innen in der Regel jene Strategien fort, die sie bereits in der Opposition angewandt haben. Pappas (2019: 71–75) beschreibt vier miteinander verwobene Techniken populistischen Regierens:

1. *Charismatische Führung:* Konzentration der Regierungskommunikation auf die*den von der populistischen Partei gestellten Regierungschef*in; auch in der Regierung Abhalten von öffentlichen Kundgebungen und direkte Hinwendung zum „Volk": die*der populistische Anführer*in als „Champion of the people", die*der in der Regierung die Interessen der „kleinen Leute" vertritt.
2. *Patronage:* Besetzung der öffentlichen Institutionen mit eigenen Anhänger*innen, etwa im öffentlichen Rundfunk, aber auch in der Staatsbürokratie mit dem Ziel,

dauerhaft Unterstützung zu sichern und so die Macht der populistischen Partei zu festigen.
3. *Politische Polarisierung:* Markierung politischer Gegner*innen als Feinde; Kritik an der Regierungspolitik als Angriff auf das „Volk" selbst. Donald Trump arbeitete sich beispielsweise selbst als Präsident noch an seiner ehemaligen Kontrahenten Hillary Clinton ab, die er als Repräsentantin einer abgehobenen politischen Elite geißelte (Homolar und Scholz 2019: 351). Der griechische Premierminister Aleksis Tsipras hielt im Vorfeld des Referendums im Kontext der Eurokrise 2015 die Regierung im Krisenmodus und die Unterstützer*innen mobilisierungsfähig, indem er sich direkt an die Protestierenden wandte und sich als deren Stimme präsentierte (Tsatsanis und Teperoglou 2016).
4. *Angriffe auf die demokratischen Institutionen:* Basierend auf dem populistischen Narrativ, dass nur der uneingeschränkte Wille des Volkes wahrhaft demokratisch sei, streben Populist*innen die Stärkung der Regierung und die Schwächung ihrer Kontrolle vor allem durch Medien und Verfassungsgerichtsbarkeit an.

Die Auswirkungen, die populistische Parteien an der Regierung auf die Qualität der liberalen Demokratie haben können, zeigt Abb. 7.1 an vier Beispielen: Tschechische Republik (ANO 2011), Griechenland (SYRIZA/ANEL), Polen (PiS) und Ungarn (Fidesz). Außerdem sind die Durchschnittswerte West- bzw. Mittel- und Osteuropas jeweils ohne die genannten Länder angegeben. In allen vier Ländern zeigt sich im zeitlichen Umfeld des Amtsantritts der populistischen Regierungen eine Verschlechterung der Qualität der liberalen Demokratie.

7 Auswirkungen und Gegenstrategien

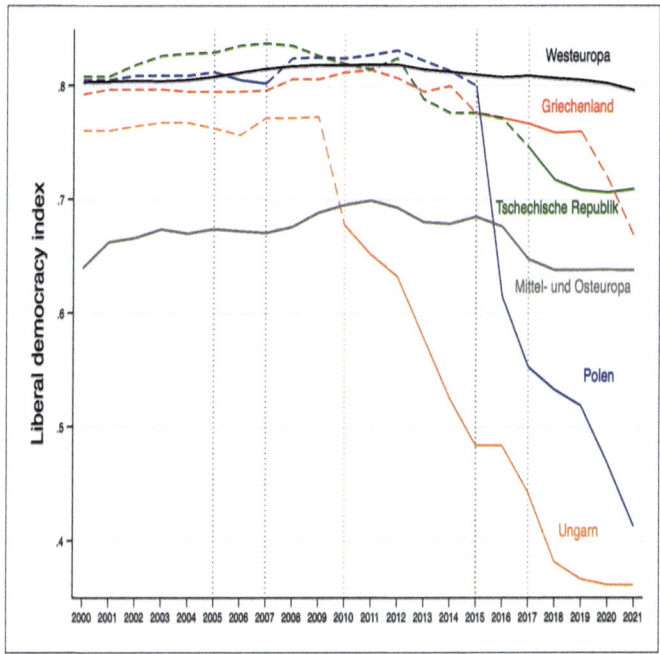

Abb. 7.1 Entwicklung der liberalen Demokratie in ausgewählten europäischen Ländern mit populistischen Regierungen. (Eigene Darstellung. Daten: V-Dem Dataset (Coppedge et al. 2022)[4])

In Ungarn begann die Regierung Viktor Orbáns bereits unmittelbar nach ihrem Amtsantritt 2010 mit institutionellen Reformen, die die Macht der Exekutive stärken sollten. Im Mittelpunkt stand dabei

---

[4] Abgebildet sind nur Regierungen, in denen die populistische Partei entweder allein regierte oder die größere Partei in einer Koalition stellte. „Mittel- und Osteuropa" sowie „Westeuropa" beziehen sich auf die Durchschnittswerte der jeweiligen Regionen ohne die genannten Länder. Westeuropa: Belgien, Dänemark, Deutschland, Finnland, Frankreich, Irland, Island, Italien, Luxemburg, Malta, Niederlande, Norwegen, Österreich, Portugal, Schweden, Schweiz, Spanien, Vereinigtes Königreich, Zypern. Mittel- und Osteuropa: Bulgarien, Estland, Lettland, Litauen, Kroatien, Rumänien, Serbien, Slowakei, Slowenien.

ein Mediengesetz, das den öffentlichen Rundfunk unter die Kontrolle einer eigens geschaffenen Regierungsagentur stellte (Krekó und Enyedi 2018: 42). Darüber hinaus besetzte die Orbán-Regierung rasch die Mitarbeiter*innen vor allem großer Rechts- und Medieninstitutionen mit eigenen Anhänger*innen. Dies umfasste unter anderen die Wahlkommission und das Verfassungsgericht (ebd.). Die Grundlage hierfür bildet die 2011 beschlossene Verfassungsreform. So ermächtigt die Verfassung die parlamentarische Mehrheit zur Ernennung dieser Schlüsselpositionen, ohne der Minderheit ein Vetorecht oder eine Vertretung innerhalb dieser Institutionen zu gewähren (Bánkuti et al. 2012: 237–238). Da nun etwa der*die Präsident*in des Verfassungsgerichts mittels parlamentarischer Mehrheit gewählt wird – und nicht etwa von seinen*ihren Richterkolleg*innen –, wird dessen*deren Wahl politisiert und die Position der regierenden Parteien gestärkt. Zugleich wurden die Zuständigkeiten des Verfassungsgerichts eingeschränkt. Die Begründung der Schwächung der gegenseitigen Kontrolle findet sich im Vorwort der Verfassung selbst, die das neue Grundgesetz dem Willen und der Identität des Volkes unterordnet (Möller 2019: 437).

Die PiS hat im *Sejm* (dem polnischen Unterhaus) keine eigene Mehrheit und regierte zuletzt mit zwei anderen, nicht-populistischen Parteien: der konservativen „Verständigung" (Porozumienie) und der nationalistischen Partei „Solidarisches Polen" (Solidarna Polska). Sie operiert also unter anderen Bedingungen als Fidesz, die mittels qualifizierter Mehrheit gleich die Verfassung als Geschäftsgrundlage ändern kann. Dennoch setzte auch die PiS unmittelbar nach ihrer Regierungsübernahme 2015 eine Reihe von Gesetzen um, die auf die Kontrolle der Medien und des Verfassungsgerichtshofs abzielten. Dabei setzte sich die Regierungspartei über Bedenken sowohl der Verfassungskommission des Parlaments als auch des – damals noch nicht mit einer PiS-Mehrheit besetzten – Gerichts selbst hinweg (Pytlas 2022: 407). Die Zuständigkeit für die Wahl der Richter*innen wurde auf das Parlament übertragen, die Position der Regierung damit gestärkt. 2022 sind 14 der 15 Richter*innen (inklusive der Präsidentin) durch Nominierung der PiS ins Amt gekommen. Die Rolle des polnischen Verfassungsgerichts hat sich von der Kontrolle hin zur Unterstützung der Regierung verschoben (Sadurski 2019). Das Mediengesetz der PiS-Regierung entzog dem Nationalen Rundfunkrat die Besetzungskompetenz von Rundfunkämtern und übertrug sie einem neu geschaffenen Nationalen Medienrat, der zum Großteil aus Abgeordneten der PiS besteht (Chapman 2017: 4). Trotz ungünstigerer Bedingungen als in Ungarn (vgl. Fomina & Kucharczyk 2016: 63) hat die PiS Instrumente institutioneller Gewaltenteilung und -kontrolle abgebaut.

Die tschechische ANO 2011 war im Vergleich zu PiS und Fidesz in Polen bzw. Ungarn wesentlich kürzer allein an der Regierung. Sie gelangte unter ihrem Gründer und Parteiführer Babiš zunächst als kleinerer Partner in einer Koalitionsregierung an die Macht (2013–2017); bei der Parlamentswahl 2017 wurde die ANO stärkste Kraft und Babiš konnte das Amt des Ministerpräsidenten bis zur nächsten Wahl 2021 halten. Während der ersten Regierungsbeteiligung 2013 bis 2017 – nicht allerdings in der späteren ANO-Alleinregierung – kam es zu einem Rückgang parlamentarischer und gerichtlicher Kontrolle der Regierung. Die Ursache hierfür lag allerdings nicht an der Politik der ANO, sondern an der gleichsam fragmentierten Regierung und Opposition (Guasti 2020: 477). Auch die Kabinette unter Einschluss der ANO waren mit Blick auf die Gesetzgebung ineffektiver als ihre nicht-populistischen Vorgängerregierungen (Zbíral

2021). Vor diesem Hintergrund scheiterten etwa auch Babišʻ Justizreformen, die die Auswahl der Verfassungsrichter*innen neu reguliert hätten (Guasti 2020: 478). Zwar verfügte Babiš mit der Mafra Mediengruppe über einen starken Wettbewerbsvorteil, stieß zugleich aber in der tschechischen Zivilgesellschaft zu verschiedenen Gelegenheiten – etwa einer Neubesetzung des Justizministeriums in seinem Sinne – auf massive Proteste (ebd.: 479–480). Im Gegensatz zu Fidesz oder PiS fehlte Babiš trotz seines populistischen Profils zudem eine identitätsstiftende nationale Erzählung (Hanley und Vachudova 2018). Insgesamt ist es der ANO nicht gelungen, sich dauerhaft als hegemoniale Kraft im tschechischen Parteiensystem zu etablieren. Bei den Parlamentswahlen im Herbst 2021 wurde sie knapp zweitstärkste Kraft und war an der Folgeregierung nicht mehr beteiligt.

In Griechenland war das Niveau der liberalen Demokratie bereits während der Wirtschaftskrise etwa ab 2012/2013 zurückgegangen und blieb während der Regierungszeit der SYRIZA/ANEL-Koalition insgesamt relativ stabil. Der Rückgang setzte erst nach deren Abwahl im Jahr 2019 ein. Dennoch blieb die populistische Regierung nicht ohne Auswirkungen auf die griechische Demokratie. Auf der einen Seite brachte SYRIZA eine Verfassungsreform ein, die u. a. die Schaffung eines Verfassungsgerichts, die Einführung des Verhältniswahlrechts, vor allem aber die deutliche Stärkung direktdemokratischer Elemente (bspw. Volksinitiativen) beinhaltete (Lorencka und Aravantinou Leonidi 2019: 14–16). Um eine direkte Einbindung der Bürger*innen auch symbolisch sicherzustellen, initiierte ein von der Regierung eingesetztes Kommittee im Zuge der geplanten Verfassungsreformen landesweite öffentliche Debatten (Pappas 2020: 62): Damit präsentierte sich SYRIZA als treibende Kraft der Demokratisierung, während sie dem von der Verfassung vorgesehenen Prozess auswich: anstelle des Parlaments hatte nun die Regierung die faktische Initiative und Kontrolle über den Reformprozess (ebd.). Die von SYRIZA im Wahlkampf vorgebrachte Kritik am vermeintlichen demokratischen Defizit Griechenlands (Stavrakakis und Katsambekis 2014: 130) mündete damit in der Umgehung der Institutionen zugunsten direkter symbolischer Legitimation durch die Bürger*innen. Zu den geplanten Verfassungsänderungen kam es allerdings nicht mehr: die Koalition scheiterte bei der vorgezogenen Neuwahl im Juli 2019. Vorausgegangen waren dem koalitionsinterne Konflikte und Verluste SYRIZAs bei der vorangegangenen Europawahl.

Auch dort, wo der Kernbereich der Demokratie intakt bleibt, prägen insbesondere rechtspopulistische Parteien die Regierungspolitik. Das gilt besonders für Migration und Integration. In Österreich, aber auch in Dänemark, wo die DF eine konservativ-liberale Regierung lediglich tolerierte, waren restriktivere Gesetze die Folge. In Italien und den Niederlanden hatte die Regierungsbeteiligung der Rechtspopulist*innen hingegen keine nennenswerten Auswirkungen auf die Integrationspolitik (Akkerman und de Lange 2012: 586–587).

Die Beispiele bestätigen ein Muster, das sich auch im quantitativen Vergleich zeigt (Huber und Schimpf 2017): Bei den Auswirkungen des Populismus auf die Demokratie kommt es, neben anderen Faktoren, auf den ideologischen Zuschnitt an. Insbesondere der Rechtspopulismus hat einen negativen Effekt auf die demokratische Qualität eines Landes, vor allem die Rechte von Minderheiten. In Polen und Ungarn sind die populistischen Regierungsprojekte mit nationalistischen Agenden verknüpft. Sie bauen auf Bedrohungsszenarien auf, in der ethnische, religiöse und sexuelle Minderheiten als Bedrohungen porträtiert werden und sich die Regierungsparteien als

Verteidiger des „wahren" Volkes inszenieren (Pytlas 2018: 5). Dort, wo Populist*innen die Institutionen der liberalen Demokratie zu unterminieren versuchen, stoßen sie hingegen auf den Widerstand der Verfassungsgerichte (Albertazzi und Mueller 2013: 365). Es ist also kein Wunder, dass sich die Parteien in Polen und Ungarn der dritten Gewalt rasch angenommen und sie weitgehend unter die Kontrolle der Regierungspartei gestellt haben.

7.2.2 „Entzauberung" an der Regierung?

Regieren mit Populist*innen kann für sowohl die Populist*innen selbst als auch für die Parteien des Mainstreams politische Kosten verursachen. Oftmals sehen sich sowohl die Mainstream-Parteien als auch die Populist*innen bei der anschließenden Wahl mit internen Konflikten und Verlusten konfrontiert. Das hat zwei Gründe. Die Mainstream-Parteien sind häufig dem Vorwurf ausgesetzt, die Populisten „salonfähig" zu machen. Die Populist*innen wiederum haben Schwierigkeiten, ihr Anti-Establishment-Profil aufrecht zu erhalten. Selbst in Skandinavien, wo der Wettbewerb um die Regierung relativ offen ist – was die Zusammensetzung von Koalitionen und die Einbeziehung neuer und blockfreier Parteien angeht – sind große Unterschiede zu beobachten (Jupskås 2018: 125–127). In Dänemark führte die Aufnahme der Dänischen Volkspartei (DF) als unterstützende Partei einer Venstre- Minderheitskoalition im Jahr 2001 weder zu öffentlicher Empörung noch zur Abstrafung der Regierungsparteien bei Wahlen. In Norwegen hingegen, wo die rechtsradikale Fortschrittspartei (FrP) 2001–2005 die konservative Minderheitsregierung stützte und 2013 einer Koalition beitrat, wurden die Regierungsparteien für das Einbeziehen der „unanständigen" einwanderungsfeindlichen Partei kritisiert (Jupskås et al. 2017: 65). Die FrP wiederum musste in den Umfragen Verluste hinnehmen und sich zugleich den Stigmatisierungsstrategien der bürgerlichen Parteien stellen (Jupskås 2018: 126–127).

Es gibt daher eine Reihe von Beispielen für Regierungen unter Beteiligung populistischer Parteien, die aufgrund scheinbar unlösbarer Konflikte zerfallen. Das gilt etwa für die niederländische CDA/VVD/LPF-Koalition (2002–2003), die österreichische ÖVP/FPÖ- bzw. die ÖVP/BZÖ-Koalitionen (2000–2006 und 2017–2019) oder die Lega/M5S-Regierung in Italien (2018–2019). Im Falle der Lijst Pim Fortuyn (LPF) und der Freiheitlichen Partei Österreichs (FPÖ) litten die populistischen Parteien unter internen strategischen Debatten um ihre gemäßigtere Amtsführung, persönlichem Scheitern ihrer Vertreter*innen im Amt und Verlusten bei Wahlen (Heinisch 2003; Akkerman und de Lange 2012: 588–589). Besonderes Aufsehen erregte der rasche Zerfall der österreichischen ÖVP/FPÖ-Regierung unter Sebastian Kurz nach der „Ibiza-Affäre". Diese wurde durch ein heimlich aufgenommenes Video ausgelöst, in der der damalige FPÖ-Vorsitzende Heinz-Christian Strache der vermeintlichen Nichte eines russischen Oligarchen offenbarte, die österreichischen Medien zu kontrollieren und die Regeln der Parteienfinanzierung umgehen zu wollen (Oberluggauer et al. 2022).

Scheitert eine Koalition zwischen einer kleineren populistischen und einer größeren Mainstream-Partei, so ist es in den meisten Fällen der größere Mainstream-Partner, der die Zusammenarbeit aufkündigt (Akkerman et al. 2016: 12). Bei anderen Gelegenheiten wird eine alternative Form der Partnerschaft vereinbart, in der die populistische Partei eine Minderheitsregierung unterstützt, der sie selbst nicht beitritt. Dieser Fall kommt beispielsweise in Dänemark, den Niederlanden und Norwegen vor. In diesem Szenario empfehlen sich Populist*innen als potentielle Regierungspartei, können aber gleichzeitig ihrem Anti-Establishment-Image treu bleiben. Die Performanz solcher Konstellationen fällt im internationalen Vergleich gemischt aus. In Dänemark stützte die Volkspartei (DF) eine konservativ-liberale Regierung über mehrere Amtsperioden hinweg und gewann selbst an Popularität hinzu (Heinze 2018: 293). In den Niederlanden endete 2012 die Duldung der VVD/CDA-Regierung durch die PVV nach nur zwei Jahren mit einem Zerwürfnis über den Haushalt (DIE ZEIT Online 2012). In Norwegen hatte die FrP seit 1981 bereits mehrfach Minderheitskabinette toleriert. 2020 kam die konservative Minderheitsregierung erst dadurch zustande, dass die FrP im Streit über eine Rückkehrerin aus Syrien, die sich der Terrororganisation Islamischer Staat (IS) angeschlossen hatte, formal aus der Koalition austrat, der Ministerpräsidentin aber weiterhin Unterstützung zusagte (BBC 2020).

Trotz der gelegentlich vorgebrachten Überlegung, dass populistische Parteien sich an der Regierung „entzaubern" (bspw. Decker 2006: 21; Müller 2016b: 5), ist deren Scheitern bei Weitem kein Automatismus. Einige populistische Parteien regieren über längere Zeiträume, bleiben an der Macht stabil und werden mit starken Ergebnissen wiedergewählt. Die elektoralen Erfolgsaussichten rechtspopulistischer Parteien an der Regierung unterscheiden sich nicht grundsätzlich von Mainstream-Parteien (Akkerman und de Lange 2012: 594–595). Das prominenteste europäische Beispiel für anhaltenden populistischen Erfolg ist die ungarische Fidesz, die seit 2010 ununterbrochen im Amt ist. In Polen war die PiS 2005–2007 und ist erneut seit 2015 an der Regierung. In Griechenland wurde die populistisch geführte Regierung nach ihrer ersten Legislaturperiode selbst dann im Amt bestätigt, wenn die Regierungspolitik nicht im Einklang mit den Präferenzen der Wähler*innen steht. Entscheidend ist vielmehr, dass populistische Parteien den Eindruck vermitteln können, sich auch an der Regierung für die Interessen der Wähler*innen einzusetzen – selbst, wenn sie letztlich damit scheitern (Katsanidou und Reinl 2020).

7.3 Gegenstrategien

Mit der Etablierung der Populist*innen stellt sich auch die Frage nach möglichen Gegenstrategien. Der Umgang mit den Populist*innen bezieht sich erstens auf den Populismus selbst, denn populistische Parteien gerieren sich als Außenseiterinnen und gelten aufgrund ihrer Anti-Establishment-Haltung und ihres radikalen Auftretens als nicht satisfaktionsfähige *Pariahs* (Downs 2001: 24). Zweitens steht deren ideologisches bzw. thematisches Profil im Fokus. Aufgrund ihrer im vorangegangenen Kapitel dargelegten negativen Auswirkungen bezieht sich die Debatte vor allem auf rechtspopulistische Parteien.[5] So besetzen Rechtspopulist*innen mit dem Fokus auf dem Migrations-Issue eine thematische Nische und beziehen hier eine besonders radikale Position, mit der sie sich von jener der Mainstream-Parteien deutlich unterscheiden.

Die Unterscheidung zwischen Parteiideologie und Populismus spiegelt sich in den beiden Dimensionen der Gegenstrategien (Decker 2004: 267–268). Dabei handelt es sich erstens um eine formale Dimension, die sich auf das Auftreten der Populist*innen bezieht und Formen

---

[5] Eine Ausnahme bildet bspw. der von Taggart und Rovira Kaltwasser (2016) herausgegebene Sonderband der *Democratization*.

ihrer Einbindung bzw. Ausgrenzung im Kontext der demokratischen Institutionen umfasst. Zweitens ist die inhaltliche Dimension zu nennen, also die Auseinandersetzung mit den Themen der populistischen Parteien.

Innerhalb dieser Dimensionen (siehe Tab. 7.2) müssen die Mainstream-Parteien entscheiden, ob und wie sie die Auseinandersetzung suchen wollen (im Folgenden Downs 2001: 26–27). Auf der einen Seite stehen all jene Strategien, die auf die Ausgrenzung oder das Ignorieren der Populist*innen abzielen *(Disengage)*. Hierzu zählen etwa Maßnahmen zur politischen Isolation. Dies geschieht beispielsweise durch die Entscheidung einzelner Parteien, nicht mit den Populist*innen zusammenzuarbeiten. In Deutschland betrifft das nicht nur die rechtspopulistische AfD, sondern zu einem gewissen Grad auch Die Linke. Das ist zum einen auf deren Historie als Nachfolgeorganisation der DDR-Staatspartei SED zurückzuführen. Zum anderen wird dies mit der Radikalität der Partei insbesondere in außenpolitischen Fragen (bspw. deren Position zur NATO) begründet. In anderen Fällen kommt es zur Absprache aller Parteien, die Außenseiterin aus jeg-

Tab. 7.2 Strategien der Mainstream-Parteien im Umgang mit populistischen Parteien

Engage	*Formal*	Kollaborieren (Regierungskoalition, parlamentarische Zusammenarbeit)
	Inhaltlich	Übernehmen der gegnerischen Position *(Adopt)*
Disengage	*Formal*	Cordon sanitaire
		Legale Restriktionen
	Inhaltlich	Ignorieren
		Dämonisierung
		„Entschärfen" des Themas *(Defuse)*
		Halten der eigenen Position *(Hold)*

Zusammenstellung nach Downs (2001); Bale et al. (2010); Decker (2004: 267–270); Heinze (2018: 288).

licher Kooperation auszuschließen (*cordon sanitaire*). Ein Beispiel für eine solche Vereinbarung in Deutschland ist der „Schweriner Weg", den die demokratischen Parteien gegenüber der rechtsextremen Nationaldemokratischen Partei Deutschlands (NPD) einschlugen. Dabei handelt es sich um eine 2006 getroffene Vereinbarung der Landtagsfraktionen, politische Veranstaltungen der NPD zu meiden und im Parlament nur ein*e Redner*in auf Beiträge der NPD antworten zu lassen (Senf 2017: 4). Zudem existieren historische Vorbilder. 1936 kam es etwa in Belgien zu einer übergreifenden Koalition aus Sozialist*innen und Katholik*innen, die die faschistischen und rechtsextremen Parteien isolierte und ihre Etablierung – im Gegensatz zu Italien und Deutschland – verhinderte (Levitsky und Ziblatt 2018: 26–29). Ein härteres Mittel stellen legale Restriktionen dar. Hierzu können beispielsweise Änderungen in der Parteienfinanzierung gezählt werden, um den Außenseiterparteien den Zugang zu Ressourcen zu entziehen. Das am weitesten gehende Mittel ist das Parteiverbot. In der Bundesrepublik kann ein solches Verbotsverfahren durch die politischen Akteure ausgelöst werden (etwa durch einen Antrag des Bundesrats), die Entscheidung über das Verbot obliegt dem Bundesverfassungsgericht. So wurde etwa die Nachfolgepartei der NSDAP, die Sozialistische Reichspartei (SRP) 1952 verboten, die Kommunistische Partei Deutschlands (KPD) 1956. Die NPD hingegen konnte einem Verbot zweimal entgehen: 2003 brach das Gericht das Verfahren ab, weil die Partei zu einem großen Teil von Verbindungsleuten („V-Leuten") des Bundesverfassungsschutzes durchdrungen war (Jesse 2012: 301). In einem zweiten Verfahren 2017 erkannte das Gericht den extremistischen Charakter der NPD an, beschied aber, dass die Partei nicht relevant genug sei, um eine tatsächliche Gefahr für die freiheitlich-demokratische Grundordnung darzustellen. Es sah daher von einem Verbot ab (Kluth 2017: 680–682). Das Parteiverbot ist ein außerordentlich starkes Mittel, das für sich genommen bereits eine Beschränkung des Zugangs zum politischen Wettbewerb bedeutet (vgl. Morlok 2013: 317). Gerade deshalb ist das Bundesverfassungsgericht in seinen Urteilen zurückhaltend. Gegen eine populistische Partei, die nicht zugleich extremistisch auftritt, käme ein Parteiverbot gar nicht erst in Frage.

Inhaltlich umfassen Disengage-Strategien zum einen das Festhalten an der eigenen thematischen Position *(Hold),* zum anderen den Versuch, die Salienz (d. h. die Bedeutung bzw. „Wahrnehmbarkeit") des von den Populist*innen vertretenen Themas zu verringern *(Defuse)* (Bale et al. 2010: 412–413). Im Rahmen der ersten Strategie begeben sich die Parteien mit den Populist*innen gewissermaßen auf ein gemeinsames thematisches „Spielfeld", werben aber für die eigene Position und grenzen sich von den Populist*innen klar ab. Defuse-Strategien bestehen im Versuch der Mainstream-Parteien, das Hauptthema der Populist*innen dem politischen Wettbewerb zu entziehen. Das war etwa in Norwegen der Fall: Hier bildete sich ein den Großteil der anderen Parteien umfassender Konsens zur Immigrationspolitik heraus, der die rechtspopulistische FrP isolierte. In Österreich hingegen brach die christdemokratische Volkspartei diesen Konsens auf, indem sie sich Mitte der 1990er Jahre den Positionen der FPÖ annäherte und später gar eine Regierung mit ihr bildete (ebd.: 421). Ein Beispiel für ein Scheitern dieser Strategie ist der Brexit. Obschon die Führungen von Tories und Labour im Kontext des Referendums 2016 jeweils für einen Verbleib in der EU warben, waren insbesondere die Konservativen in sich gespalten. Prominente Führungspersönlichkeiten wie der spätere Premierminister Boris Johnson unterstützten den

Austritt. Die Uneinigkeit der Tories trug zur Politisierung des Themas bei, was die aggressiv auftretende, rechtspopulistische *United Kingdom Independence Party* (UKIP) für sich nutzen konnte (Hay und Benoît 2020).

Engage-Strategien suchen die Auseinandersetzung mit den Populist*innen: formal über Wege der Kooperation in Parlament und/oder Regierung (siehe Abschn. 6.1 und 6.2); inhaltlich durch die Übernahme ihrer Themen (Downs 2001: 27). Gerade die Frage, ob sich die Mainstream-Parteien den Rechtspopulist*innen inhaltlich annähern (sollten), um ihnen ihr thematisches Alleinstellungsmerkmal zu nehmen, hat in der Forschung große Resonanz erfahren. Hierbei spricht man von *Adopt*-Strategien (Bale et al. 2010: 414). Tatsächlich üben Wahlerfolge rechtspopulistischer Parteien eine thematische Sogwirkung auf die Akteur*innen des politischen Mainstreams aus. So nähern sich in Ländern, in denen die Rechtspopulist*innen hohe Wahlergebnisse erzielen, konservative Parteien in der Gesellschaftspolitik den Herausforderern an (Bayerlein 2021). Insbesondere beziehen sie oftmals dann eine restriktivere Haltung in der Integrationspolitik, wenn Rechtspopulist*innen der Sprung ins Parlament gelingt (Abou-Chadi und Krause 2020). Auch Mainstream-Parteien links der politischen Mitte passen sich der Position der Rechtspopulist*innen zuweilen an, vor allem dann, wenn Letztere auch tatsächlich deren Position im Parteiensystem bedrohen, also um deren Wähler*innenschaft konkurrieren (Han 2015). Insgesamt lässt sich also vor allem für konservative Parteien eine Neigung zu *Adopt*-Strategien feststellen, während der Befund für sozialdemokratische Parteien weniger eindeutig ausfällt. In Dänemark, den Niederlanden und Österreich übernahmen die Sozialdemokrat*innen lediglich punktuell die Position der Rechtspopulist*innen, während konservative Parteien eher zu einer solchen Strategie neigten (Bale et al. 2010: 421).

Als Erklärung für die Unterschiede zwischen den Mainstream-Parteien links und rechts der Mitte kann die größere ideologische Nähe konservativer Parteien zu ihren rechtspopulistischen Mitbewerber*innen herangezogen werden (Bayerlein 2021). Eine weiter rechts verortete Gesellschaftspolitik ist von ihrer Position weniger weit entfernt als etwa von jener der Sozialdemokrat*innen. Dass einige Mitte-Links-Parteien sich dennoch vor allem integrationspolitisch konservativer positioniert haben, hängt damit zusammen, dass sie vor allem in der Arbeiter*innenschaft eher integrationsskeptische Einstellungen vermuten und Rechtspopulist*innen in einigen Ländern gerade in dieser Gruppe überdurchschnittlich hohe Erfolge erzielen (Bornschier und Kriesi 2012). Ein viel beachtetes Beispiel hierfür ist Dänemark. Hier hatte sich die *Dansk Folkeparti* über einen langen Zeitraum im Parteiensystem etablieren können und ab den frühen 2010er-Jahren zunächst mit der konservativ-liberalen *Venstre,* später mit der sozialdemokratischen Partei um den zweiten Platz bei Parlamentswahlen gerungen. Von 2001 bis 2011 hatte sie eine von der *Venstre* geführte Minderheitsregierung toleriert. Bei der Parlamentswahl 2019 hatte die DF dann 12,4 Prozentpunkte gegenüber dem vorigen Urnengang eingebüßt und nur noch 8,7 % der Stimmen erhalten. Es liegt nahe, dies auf die Adopt-Strategie der sozialdemokratischen Partei zurückzuführen, die im Vorfeld der Wahl restriktive Positionen in der Migrationspolitik eingenommen hatte. Bei genauerer Betrachtung entpuppt sich das Ergebnis aus Sicht der Sozialdemokrat*innen allerdings als zweischneidig (vgl. Meret 2021): Erstens verloren sie gegenüber der vorigen Wahl 0,4 Prozentpunkte. Zweitens waren neun Prozent der sozialdemokratischen Wähler*innen ehemalige Unterstützer*innen der DF, während die Rechtspopulist*innen die meisten Wähler*innen an die *Venstre* verloren hatten. Zuletzt entpuppte sich das Ergebnis der Wahl für die Sozialdemokrat*innen als Nullsummenspiel: die Minderheitsregierung unter Führung von Mette Frederiksen konnte deshalb zustande kommen, weil die Sozialdemokrat*innen Wähler*innen an die kleineren linken Parteien verloren hatten, die im Parlament nun über ausreichend Stimmen verfügten.

Ist das Ziel die Minimierung der auf rechtspopulistische Parteien abgegebenen Stimmen, so ist das dänische Beispiel durchaus ein Erfolg. Auch in den Jahren nach der Folketingwahl 2019 hat sich die DF elektoral nicht erholen können. Das erfolgreiche Zustandekommen der Minderheitsregierung verschleiert allerdings die nur geringen Nettozugewinne der Sozialdemokrat*innen auf der Wählerebene: wäre die Regierungsbildung nicht gelungen, würde die Bewertung der Strategie gänzlich anders ausfallen, zumal die Venstre mit Zugewinnen von fast vier Prozentpunkten – zu einem großen Teil von der DF – nur knapp hinter der sozialdemokratischen Partei landete. Des Weiteren sehen sich insbesondere Parteien links der politischen Mitte mit hohen politischen Kosten für ihre Positionierung konfrontiert. Nehmen sie eine konservative Position in einem gesellschaftspolitischen Thema ein, so riskieren sie zum einen, wie das Beispiel Dänemark zeigt, den Verlust eigener Wähler*innen an Konkurrenzparteien im linken Lager. Zum anderen kann es zu Konflikten innerhalb der Parteiorganisation kommen, weil ein gewichtiger Teil der Mitglieder und Aktivist*innen nicht bereit ist, den neuen Kurs mitzutragen. Als die österreichischen Sozialdemokrat*innen in den späten 1990er Jahren für eine Verschärfung der

Integrationsgesetzgebung stimmten und sich Anfang der 2000er der harschen Politik der konservativ-rechtspopulistischen Regierung aus strategischen Gründen nicht widersetzten, sah sich die SPÖ mit massiver Kritik im eigenen Lager konfrontiert (Bale et al. 2010: 419–420).

Mit Blick auf die Effekte von Adopt-Strategien kommt die vergleichende Forschung zu unterschiedlichen Befunden. Spoon und Klüver (2020) können zeigen, dass sich eine Annäherung an die Positionen der Rechtspopulist*innen für rechte Mainstream-Parteien nicht bezahlt macht, wohl aber für Parteien links der Mitte. Aus einer Studie von Chou und Kolleg*innen (2021) geht hervor, dass es sich letztlich um ein Nullsummenspiel handelt: Was die Mainstream-Parteien von den Rechtspopulist*innen zurückgewinnen, verlieren sie in den moderaten Wähler*innensegmenten. Der oben geschilderte dänische Fall illustriert genau dieses Problem.

Hinzu kommt, dass die Frage nach den politischen Kosten über die reine Machtarithmetik weit hinausgeht. So haben sich konservative und christdemokratische Parteien den gesellschaftspolitischen Positionen der Rechtspopulist*innen seit den 1980er Jahren deutlich angenähert (Abou-Chadi und Krause 2021). In der Folge sind die rechtspopulistischen Parteien im Schnitt jedoch nicht moderater geworden, sondern radikale Positionen haben sich im Mainstream verfestigt (Mudde 2019: 164–165). Auch *wie* über politische Ereignisse gesprochen wird, entspricht oft dem Framing der Rechtspopulist*innen: so wurde die „Flüchtlingskrise" in den Medien und im Parteienwettbewerb oft weniger als humanitäre Katastrophe, sondern als Bedrohung (bspw. für die nationale Kultur oder den Wohlfahrtsstaat) beschrieben (ebd.: 166). In Mittel- und Osteuropa haben die rechtspopulistischen Parteien Fragen der nationalen Identität nach 1990 für sich genutzt und nationalistisch und minderheitenfeindlich aufgeladen, während die Parteien des Mainstreams nicht nur deren ideologische Positionen zu großen Teilen übernahmen, sondern sich auch auf deren Anti-Establishment-Rhetorik einließen. So wurden illiberale Positionen normalisiert und Misstrauen gegenüber den demokratischen Institutionen kultiviert (Pytlas 2018b).

Doch selbst wenn die Parteien bereit wären, diesen Problemen keine Bedeutung beizumessen, so muss man sich vergegenwärtigen, dass rechtspopulistische Parteien nicht nur aufgrund ihrer thematischen Positionierung gewählt werden, sondern auch aufgrund ihres demokratiepolitischen Angebots. Sie appellieren an das tiefsitzende Misstrauen gegenüber den Akteur*innen und Institutionen des Status quo und stellen diesem ein illiberales Demokratieverständnis gegenüber, das auf der Wähler*innenseite auch tatsächlich nachgefragt wird (siehe Kap. 5). Hinzu kommt, dass die Elektorate rechtspopulistischer Parteien sich immer mehr abschotten (Wagner 2017). Die Fluidität, nach der Wähler*innen grundsätzlich bereit sind, eine andere Partei zu wählen als die, die sie präferieren, ist im Falle rechtspopulistischer Wähler*innen zu einem gewissen Teil nicht mehr gegeben. So kann beispielsweise für den deutschen Fall gezeigt werden, dass die Verfügbarkeit *(Availability)* der AfD-Unterstützer*innen am geringsten ist – sie sind also von allen Wähler*innengruppen am wenigsten bereit, für eine andere Partei als die zu stimmen, die sie präferieren (Lewandowsky & Wagner 2022). Selbst wenn die Mainstream-Parteien sich entschieden, sowohl eine radikalere Position einzunehmen als auch den Populismus ihrer Herausforderer*innen zu imitieren – was sie vor ein Glaubwürdigkeitsproblem stellen würde – birgt eine solche Strategie nicht nur die Gefahr, moderate Wähler*innen zu verprellen und interne Konflikte auszulösen, die die Partei in der öffentlichen Wahrnehmung zusätzlich schwächen (vgl. Chou et al. 2021; Bale et al. 2010), sondern dürfte auch kaum Zulauf von AfD-Wähler*innen auslösen.

Aus der Forschung lässt sich keine ideale Strategie im Umgang mit den Rechtspopulist*innen ableiten. Auch wenn einige Befunde darauf hindeuten, dass sich eine Annäherung an deren Positionen auszahlen *kann,* so ist der Erfolg bei Weitem nicht garantiert, während der Normalisierung und Etablierung des Rechtspopulismus weiter Vorschub geleistet wird. Mit der thematischen Annäherung schaffen sich die Mainstream-Parteien ein Stück weit selbst die Konkurrenz, der sie dann durch immer neue strategische Anpassungen hinterherlaufen müssen. Jede Strategie sollte diese Grenzen aus demokratiepolitischen Gründen, aber auch aus Nutzenerwägungen heraus beachten.

8
Zusammenfassung und Ausblick

Was ist Populismus? Das Ziel der vorangegangenen Kapitel war es, Antworten auf diese Frage zu geben – so einfach wie möglich, dabei jedoch die Komplexität des Themas, die Bruchstellen und Widersprüche der Literatur beachtend und die offenen Fragen adressierend. Denn sowohl theoretisch-konzeptionell als auch empirisch bleibt die Forschung im Fluss, stellen sich mit den Wahlerfolgen der Populist*innen und ihren Auswirkungen auf die Demokratie immer neue Herausforderungen sowohl für die Wissenschaft als auch für Politik und Zivilgesellschaft.

Der Populismus ist, wenn man so will, ein „Nebenprodukt" der repräsentativen Demokratie (Taggart 2004: 269). Weil sie in sich paradox ist, weil sie die Souveränität des Volkes institutionell einhegt, um sie zu gewährleisten, weil sie Eliten und intransparente Entscheidungslogiken hervorbringt, produziert sie den Populismus gewissermaßen selbst. Zugleich ist er ein Krisensymptom. Als solches verweist er auf die Defizite der Demokratie und

© Der/die Autor(en), exklusiv lizenziert an Springer Fachmedien Wiesbaden GmbH, ein Teil von Springer Nature 2022
M. Lewandowsky, *Populismus,* Elemente der Politik,
https://doi.org/10.1007/978-3-658-36466-3_8

rüstet sich mit dem Versprechen aus, die Volksherrschaft in ihrem Wortsinn (wieder)herzustellen. Dieses Versprechen eint linke wie rechte Populist*innen, auch wenn das Volk, das sie adressieren und die Krisen, auf die sie verweisen, sich grundlegend unterscheiden. Bestehen bleibt, dass der Populismus für sich in Anspruch nimmt, einen demokratischen Idealzustand wiederherzustellen, der in einer mystischen Vergangenheit liegt. Zugleich entzieht er sich damit dem Vorwurf, faschistisch oder totalitär zu sein. Insbesondere rechtspopulistische Parteien schwingen sich zu Verteidigerinnen der Demokratie gegen demokratische Regierungen auf, denen sie diktatorische Bestrebungen unterstellen. Die COVID-19-Pandemie hat dies deutlich gezeigt. Und dort, wo Populist*innen an der Regierung sind und, wie in manchen Ländern, die liberalen Institutionen wie Verfassungsgerichte einebnen, tun sie dies „im Namen des Volkes" – denn Gewaltenteilung wird im Populismus nicht als Schutz der Demokratie, sondern als Instrument der Eliten betrachtet, um den Willen der Bürger*innen zu blockieren. Dass der Populismus jedoch per se anti-konstitutionalistisch sei, greift zu kurz. Viele populistische Regierungsparteien streben ja gerade die verfassungsmäßige Fixierung ihres illiberalen Demokratiemodells an.

Die linke, rechte oder andersartige Wirtsideologie, mit der sich der Populismus jeweils verbindet, ist zugleich nicht einfach ein Appendix. Das Gleichheitsversprechen des Linkspopulismus, das kulturelle Homogenitätsprogramm des Rechtspopulismus sind mit dem jeweigen Ideal eines „wahren" Volkes untrennbar verbunden. Welche Form des Populismus reüssiert, hängt von den konkreten Modernisierungs- und Globalisierungsfolgen ab, denen ein Land ausgesetzt ist (Manow 2021a). Der Populismus ist damit kein reines Protestphänomen. Seine Wahlerfolge erklären sich aus seiner Doppelideologie:

auf der einen Seite der Appell an die nationale Identität oder aber das Beschwören sozialer Gerechtigkeit. Auf der anderen Seite steht das Versprechen „echter" Demokratie. Wer populistische Parteien wählt, ist nicht einfach „rechts" oder „links"; er*sie misstraut der etablierten Politik und will eine Demokratie, in der die Mehrheit des Volkes – zu der er*sie sich selbst rechnet – uneingeschränkt bestimmen kann.

Vor diesem Hintergrund fallen den Parteien des politischen Mainstreams Gegenstrategien naturgemäß schwer. Denn die Herausforderer*innen besetzen nicht nur thematische Nischen, sondern profitieren durch ihr demokratiepolitisches Alleinstellungsmerkmal: den Populismus selbst. Die etablierten Parteien stehen damit gleich vor zwei Problemen. Einerseits können sie sich nicht einfach ein populistisches Profil aneignen, ohne sich zugleich von sich selbst zu distanzieren, ihr Personal auszuwechseln und ihre Strategie vom Kopf auf die Füße zu stellen. Andererseits können sie nicht einfach dieselbe ideologische Nischenposition übernehmen wie die Herausforderer*innen. Denn wenn sie zu weit von ihrer ursprünglichen Position abrücken, laufen sie Gefahr, mehr ihrer eigenen Unterstützer*innen zu verlieren als sie von den populistischen Parteien (zurück) gewinnen. Wenig deutet darauf hin, dass die etablierten Parteien in der direkten Auseinandersetzung mit den Themen der Populist*innen viel zu gewinnen haben. Eher bietet es sich an, die *issue ownership* zu übernehmen – also eigene Themen in den Vordergrund zu stellen und die Populist*innen mit ihren Themen auflaufen zu lassen. Ob das gelingt, hängt jedoch von einer Vielzahl von Faktoren ab. Nicht vergessen werden darf, dass zum einen die Parteien auf den medialen Diskurs – und damit die Themen, die den Diskurs bestimmen – nur geringen Einfluss haben. Und zum anderen sind auch die Populist*innen selbst Agenda-Setzer*innen, und die etablierten Akteur*innen müssen reagieren, wenn sie nicht als „Verweigerer*innen" dastehen wollen. Der Umgang mit dem Populismus bleibt für die Parteien des Mainstreams eine Herausforderung.

Dieses Buch wollte gemäß seinem Titel eine Einführung sein. Als solche möchte und kann es die inzwischen Bibliotheken füllende Forschung zum Populismus nur anleuchten und will zur weiterführenden Lektüre inspirieren. Auch muss es seine blinden Flecken kennen. Einige sollen hier genannt werden und zur eigenen Recherche anregen. Erstens sind populistische Parteien und Bewegungen weit jenseits der europäischen Grenzen Teil politischer Systeme: in den USA, in Brasilien und Venezuela, in Indien, auf den Philippinen und in Australien. Wenngleich Populist*innen allerorten der Logik von Volkszentriertheit und Anti-Establishment-Haltung folgen, so sind ihr Stil, ihre Ideologien und ihr politisches Handeln stark von den jeweiligen regionalen und nationalen Systemen, Gelegenheitsstrukturen und historischen Erfahrungen geprägt. Zweitens anderen bieten mediale Institutionen, Strukturen und Logiken, insbesondere soziale Netzwerke wie Twitter, Facebook und Instagram, populistischen Akteur*innen einen Kommunikationsraum, der in diesem Buch nur angedeutet werden konnte. Zum Verständnis der Unterstützung für populistische Parteien lohnt es sich drittens, nicht nur die sozialstrukturellen Eigenschaften und politischen Einstellungen der Wähler*innen zu betrachten. Auch individuelle psychologische Dispositionen, die die Neigung begünstigen, für populistische Außenseiterparteien zu stimmen, werden von der Forschung mit zunehmendem Interesse betrachtet (bspw. Obradović et al. 2020). Zuletzt soll darauf hingewiesen werden, dass Populismus nicht nur Konsequenzen für die demokratischen Institutionen des jeweiligen Landes hat. Populistische Regierungschefs wie Viktor Orbán oder Donald Trump üben auch Einfluss auf die internationalen Beziehungen aus, sei es etwa durch Isolationismus oder die Missachtung internationaler Institutionen und Abkommen. Eine zunehmende Zahl von Studien befasst sich mit dieser Problematik (bspw. Destradi und Plagemann 2019; Stengel et al. 2019; Löfflmann 2022).

Zum Zeitpunkt der Fertigstellung dieser Einführung im Sommer 2022 sind populistische Parteien in vielen demokratischen Systemen etabliert. Im dritten Jahr der Corona-Pandemie und unter dem Eindruck eines neuen Krieges in Europa lässt sich nicht vorhersehen, wie sich die Gunst der Wähler*innen, die Positionen und die thematischen Agenden der gegenwärtigen populistischen Parteien weiterentwickeln werden. Einerseits haben sich die Populist*innen in der Vergangenheit als wandlungsfähig erwiesen; andererseits sind viele von ihnen nach internen Verwerfungen von der politischen Bühne verschwunden. Ob die gegenwärtigen Krisen für die Populist*innen Gelegenheiten oder Hürden darstellen, wird sich erst in den nächsten Jahren zeigen.

Kommentierte Literatur, Internetadressen und Datensätze

Literatur

Frank Decker(2004), Der neue Rechtspopulismus. Leske + Budrich: Opladen.
Eine der ersten und grundlegendsten deutschsprachigen Auseinandersetzungen mit dem Populismus als Begriff, basierend auf der im Jahr 2000 erschienenen Habilitationsschrift des Autors. Neben einer konzeptionell-theoretischen Annäherung an den Populismus enthält das Buch eine Reihe von Fallstudien, die nicht nur prominente Fälle in Europa umfassen, sondern auch den US-amerikanischen Populismus in historischer Perspektive vorstellen. Das Buch schließt mit einem Vergleich der populistischen Parteien und Bewegungen, ihrer Ursachen sowie einer Diskussion über die Auswirkungen des Populismus auf die Demokratie.

Kirk A. Hawkins, Ryan E. Carlin, Levente Littvay und Cristóbal Rovira Kaltwasser, Hrsg. (2019), The Ideational Approach to Populism. Concept, Theory, and Analysis. Routledge: New York.

Der „ideational approach", der Populismus nicht als geschlossene Weltanschauung, sondern als „set of ideas" betrachtet, hat sich zu einem der wichtigsten Ansätze in der internationalen Populismus-Forschung entwickelt. Der Sammelband von Kirk A. Hawkins und Kollegen enthält eine Vielzahl an methodischen Beiträgen, die u. a. die Messung des Populismus durch Textanalysen, Expertensurveys und Bevölkerungsumfragen erläutern. Hinzu kommt eine Reihe extensiver Fallstudien sowie die Erörterung spezifischer Fragestellungen, etwa die Bedeutung autoritärer Einstellungen für die Wahl populistischer Parteien oder auch die Aktivierung populistischer Einstellungen durch die Wahrnehmung von Korruption.

Steven Levitsky und Daniel Ziblatt (2018), How Democracies Die. Harper: New York.

„How Democracies Die" ist eine historisch informierte Analyse autoritären Regierens. Die Autoren beschreiben nicht nur, wie Regierungschefs wie Donald Trump oder Hugo Chávez die demokratischen Strukturen, in die sie gewählt wurden, sukzessive aushöhlen. Sie analysieren auch deren Aufstieg zur Macht, der von den etablierten politischen Eliten häufig geduldet oder gar gefördert wird, und sie setzen sich mit der Frage auseinander, unter welchen Bedingungen die Sicherungssysteme liberaler Demokratie versagen.

Benjamin Moffitt (2020), Populism. Polity Press: Cambridge.

Die Forschung zum Populismus ist nicht zuletzt durch ihren definitorischen Streit gekennzeichnet. Genau hier schließt Moffitts Buch an und bietet in kurzer, konziser Form eine Begriffsklärung an. Dabei stellt er die verschiedenen Schulen der Populismusforschung insbesondere im Hinblick auf das Verhältnis von Populismus und Demokratie vor. Ferner klärt er das Verhältnis des Populismus zu anderen Ideologien (Sozialismus, Liberalismus).

Cas Mudde (2007), Populist Radical Right Parties in Europe. Cambridge University Press: Cambridge.

Cas Muddes Monografie kann ohne Bedenken zu den zeitgenössischen Klassikern der Populismusforschung gezählt werden. Seine bereits 2004 im viel beachteten Beitrag „The Populist Zeitgeist" (in der Zeitschrift Government & Opposition) vorgestellte Minimaldefinition des Populismus wird hier nochmals deutlich weiterentwickelt. Der Beitrag dieses Werkes liegt in der Rekonstruktion einer rechtspopulistischen Parteienfamilie in Europa, basierend auf einer detailreichen Auseinandersetzung mit ihrer ideologischen und organisatorischen Gestalt, ihren Ursachen und Auswirkungen.

Jan-Werner Müller (2016), Was ist Populismus? Ein Essay. Suhrkamp: Frankfurt am Main.

Der mit kaum 200 Seiten relativ kurze Band von Jan-Werner Müller lässt sich sowohl als ein-führendes Überblickswerk zum Populismus lesen als auch als kritische Auseinandersetzung mit dem Begriff. Müller bezieht sich auf die Definition von Mudde, hebt aber insbesondere den Anti-Pluralismus hervor, der rechte von linken populistischen Parteien und Bewegungen unterscheidet. Im abschließenden Teil stellt Müller Überlegungen zum Umgang mit dem Populismus an.

Pippa Norris und Ronald Inglehart (2019), Cultural Backlash: Trump, Brexit, and Authoritarian Populism. Cambridge University Press: Cambridge/ New York.
Die Theorie des „Cultural Backlash", die Norris und Inglehart in diesem umfassenden Buch entwickeln, hat es in der Forschung zu einiger Prominenz gebracht. Die Theorie, nach der der Aufstieg des autoritären Populismus eine Spätfolge des Wertewandels entwickelter Gesellschaften ist, ist von anderen Forscher*innen kritisch hinterfragt und teilweise widerlegt worden. Nichtsdestotrotz stellt die empirische Analyse der dem populistischen Erfolg zugrunde liegenden Einstellungen im Zeit- und Ländervergleich einen wichtigen Baustein der Forschung dar.

Cristóbal Rovira Kaltwasser, Paul Taggart, Paulina Ochoa Espejo und Pierre Ostiguy, Hrsg. (2017), The Oxford Handbook of Populism. Oxford University Press: Oxford.
Es existiert eine ganze Reihe von Nachschlagewerken zum Populismus. Das Oxford Handbook kann für sich in Anspruch nehmen, nahezu alle relevanten Themenbereiche abzudecken. Es behandelt Ansätze der Populismusforschung (ideational, strategisch, soziokulturell), Populismus in nahezu allen relevanten Weltregionen und normative Debatten. Zusätzlich widmen die Beiträge im

Handbuch spezifischen Fragestellungen im Zusammenhang mit dem Populismus, die von organisatorischen Aspekten (Parteien, soziale Bewegungen) und Ideologien (Nationalismus, Faschismus) über strukturelle Themen (Gender, Medien) bis hin zu Ursachen und Reaktionsmöglichkeiten auf den Erfolg populistischer Parteien reichen.

Michael Oswald, Hrsg. (2022), The Palgrave Handbook of Populism. Palgrave: Basingstoke.
Das Palgrave Handbook of Populism identifiziert Areale der Forschung, die in den bisherigen Überblickswerken zum Populismus geringere Aufmerksamkeit erfahren haben. Die Beiträge setzen sich kritisch mit dem Gegenstand und der einschlägigen Literatur auseinander und fokussieren auf besondere Themenbereiche. Zu nennen sind hier vor allem Populismus und politische Psychologie, Populismus im Kontext von Autoritarismus und Faschismus sowie Populismus und Gender. Ferner enthält der Band eine Reihe von Fallstudien zu populistischen Parteien an der Macht, populistischen Diskursen und stellt Überlegungen zu Ursachen und Gegenstrategien vor. Wie der Herausgeber selbst anmerkt, will das Werk nicht mit anderen Handbüchern zum Thema konkurrieren, sondern schließt eine ganze Reihe thematischer Leerstellen.

Internetadressen und Datensätze

Global Party Survey, https://www.globalpartysurvey.org
Der Global Party Survey ist ein Expert Survey unter der Leitung von Pippa Norris (Harvard University). Der Datensatz enthält neben Daten zur Ideologie politischer

Parteien auch mehrere Variablen zu den Dimensionen des Populismus.

POP – Political Observer on Populism, https://populismobserver.com/

Die Webseite, betrieben von Luca Manucci (Universität Lissabon) sammelt Artikel zum Thema Populismus und führt auch Interviews mit Forschenden zum Thema.

Populism and Political Parties Expert Survey, http://poppa-data.eu

Das Populism and Political Parties Expert Survey (POPPA) wurde von Maurits Meijers und Andrej Zaslove (Radboud Universität Nijmegen, Niederlande) entwickelt. Es handelt sich um einen Expert Survey, der die programmatischen Positionen politischer Parteien zu verschiede-nen Issues ebenso wie ihren mehrdimensionalen Populismusgrad bestimmt.

The PopuList, https://popu-list.org

Basierend auf Experteneinschätzungen ordnet die PopuList Parteien in zahlreichen europäischen Ländern in vier Kategorien ein: populistisch, linksradikal, rechtsradikal und euroskeptisch. Die PopuList schließt darüber hinaus an andere renommierte Datensätze an (u. a. ParlGov, Manifesto Project). Zusätzlich sammelt die Webseite Hinweise zu Veranstaltungen und stellt eine Reihe von Datensätzen zum Populismus zur Verfügung.

Team Populism, https://populism.byu.edu

Das Team Populism ist wahrscheinlich die größte Gruppierung von Expert*innen auf dem Gebiet des Populismus. Es enthält eine ganze Reihe thematischer Forscher*innenteams, etwa zu verschiedenen Methoden (bspw. Expert Surveys, Elite Surveys) und Themen (u. a. Psychologische Effekte des Populismus, Populismus und Internationale Beziehungen).

Timbro Authoritarian Populism Index, https://populismindex.com

Der TAP ist ein vom schwedischen Thinktank Timbro erstellter Datensatz zur parlamentarischen Repräsentanz und Regierungsbeteiligung populistischer Parteien in europäischen Demokratien. Er enthält Daten zu Ideologie, Sitzanteilen und Gründungsdaten der jeweiligen Parteien.

V-Party Dataset, https://www.v-dem.net/vpartyds.html

Das V-Party Dataset ist Teil des Projekts Varieties of Democracy, das die Eigenschaften politischer Systeme weltweit im Zeitverlauf bestimmt. Das V-Party Dataset kann mit diesem Datensatz kombiniert werden und enthält eine Vielzahl von Variablen zu Organisation und Identität politischer Parteien, darunter auch den Dimensionen des Populismus.

Literatur

Abou-Chadi, Tarik und Werner Krause (2020), The Causal Effect of Radical Right Success on Mainstream Parties' Policy Positions: A Regression Discontinuity Approach. *British Journal of Political Science* 50 (3): 829–847.

Abou-Chadi, Tarik und Werner Krause (2021), The Supply Side: Mainstream Right Party Policy Positions in a Changing Political Space in Western Europe. In: Tim Bale und Cristóbal Rovira Kaltwasser (Hrsg.), *Riding the Populist Wave: Europe's Mainstream Right in Crisis*. Cambridge University Press: Cambridge, S. 67–90.

Abts, Koen und Stefan Rummens (2007), Populism versus Democracy. *Political Studies* 55 (2): 405–424.

Akkerman, Agnes, Cas Mudde und Andrej Zaslove (2014), How Populist Are the People? Measuring Populist Attitudes in Voters. *Comparative Political Studies* 47 (9): 1324–1353.

Akkerman, Agnes, Andrej Zaslove und Bram Spruyt (2017), 'We the People' or 'We the Peoples'? A Comparison of Support for the Populist Radical Right and Populist Radical

Left in the Netherlands. *Swiss Political Science Review* 23 (4): 377–403.

Akkerman, Tjitske und Sarah Leah de Lange (2012), Radical Right Parties in Office: Incumbency Records and the Electoral Cost of Governing. *Government and Opposition* 47 (4): 574-596.

Akkerman, Tjitske, Sarah Leah de Lange und Matthijs Rooduijn (2016), Inclusion and mainstreaming? Radical right-wing populist parties in the new millennium. In: Dies. (Hrsg.), *Radical Right-Wing Populist Parties in Western Europe. Into the Mainstream?* Routledge: New York, S. 1–27.

Albertazzi, Daniele und Sean Mueller (2013), Populism and Liberal Democracy: Populists in Government in Austria, Italy, Poland and Switzerland. *Government and Opposition* 48 (3): 343–371.

Almond, Gabriel A. und Sidney Verba (1965), *The Civic Culture*. Little, Brown and Company: Boston.

Andersen, Jørgen Goul (2003), The Danish People's Party and new cleavages in Danish politics. Aalborg Universitet: Aalborg.

Andreadis, Ioannis (2016), *The Greek candidate study 2015*. Ann Arbor, MI: Inter-university Consortium for Political and Social Research.

Andreadis, Ioannis und Saskia Ruth-Lovell (2018), Elite Surveys. In: Kirk A. Hawkins, Ryan E. Carlin, Levente Littvay und Cristóbal Rovira Kaltwasser (Hrsg.), *The Ideational Approach to Populism. Concept, Theory, and Analysis*. Routledge: London/New York, S. 112–127.

Arceneaux, Kevin und Stephen P. Nicholson (2012), Who Wants to Have a Tea Party? The Who, What, and Why of the Tea Party Movement. *Political Science and Politics* 45 (4): 700–710.

Aron, Hadas und Chiara Superti (2021), Protest at the ballot box: From blank vote to populism. *Party Politics* (online first).

Arzheimer, Kai (2015), The AfD: Finally a Successful Right-Wing Populist Eurosceptic Party for Germany? *West European Politics* 38 (3): 535–556.

Arzheimer, Kai (2018), Explaining Electoral Support for the Radical Right. In: Jens Rydgren (Hrsg.), *The Oxford Handbook of the Radical Right*. Oxford University Press: Oxford, S. 143–165.

Aslanidis, Paris (2016), Is Populism an Ideology? A Refutation and a New Perspective. *Political Studies* 64 (1S): 88–104.

Bachmann, Klaus (2006), Populistische Parteien und Bewegungen in Mittelosteuropa. In: Frank Decker (Hrsg.), *Populismus. Gefahr für die Demokratie oder nützliches Korrektiv?* Springer VS: Wiesbaden, S. 216–232.

Bajo-Rubio, Oscar & Ho-Don Yan (2019), Globalization and Populism. In: Fu-Lai Tony Yu und Diana S. Kwan (Hrsg.), *Contemporary Issues in International Political Economy.* Palgrave: Singapur, S. 229–252.

Bale, Tim, Christoffer Green-Pedersen, André Krouwel, Kurt Richard und Luther Nick Sitter (2010), If You Can't Beat Them, Join Them? Explaining Social Democratic Responses to the Challenge from the Populist Radical Right in Western Europe. *Political Studies* 58 (3): 410–426.

Bánkuti, Miklos, Gábor Halmai und Kim Lane Scheppele, (2012), From Separation of Powers to a Government without Checks: Hungary's New and Old Constitutions. In: Gábor Attila Tóth (Hrsg.), *Constitution for a Disunited Nation: On Hungary's 2011 Fundamental Law.* Central European University Press: Budapest/New York, S. 237–268.

Bayerlein, Michael (2021), Chasing the Other „Populist Zeitgeist"? Mainstream Parties and the Rise of Right-Wing Populism. *Politische Vierteljahresschrift* 62 (3): 411–433.

BBC (2020), Norway party quits government in 'jihadist-wife' row. 20. Januar, https://www.bbc.com/news/world-europe-51174550, zuletzt abgerufen am 6. Juni 2022.

Berbuir, Nicole, Marcel Lewandowsky und Jasmin Siri (2015), The AfD and its sympathisers: finally a right-wing populist movement in Germany? *German Politics* 24 (2): 154–178.

Berglund, Frode, Sören Holmberg, Hermann Schmitt und Jacques Thomassen (2005), Party Identification and Party Choice. In: Jacques Thomassen (Hrsg.), *The European Voter:*

A Comparative Study Of Modern Democracies. Oxford University Press: Oxford, S. 105–123.

Bergmann, Knut, Matthias Diermeier und Judith Niehues (2018), Ein komplexes Gebilde. Eine sozio-ökonomische Analyse des Ergebnisses der AfD bei der Bundestagswahl 2017. *Zeitschrift für Parlamentsfragen* 49 (2): 243–264.

Betz, Hans-Georg (1993), The New Politics of Resentment: Radical Right-Wing Populist Parties in Western Europe. *Comparative Politics* 25 (4): 413–427.

Bobba, Giuliano und Nicolas Hubé (2021), COVID-19 and Populism: A Sui Generis Crisis. In: Dies. (Hrsg.), *Populism and the Politicization of the COVID-19 Crisis in Europe.* Palgrave Macmillan: Cham, S. 1–16.

Böhmelt, Tobias, Lawrence Ezrow und Roni Lehrer (2022), Populism and intra-party democracy. *European Journal of Political Research* (online first).

Bordignon, Fabio und Luigi Ceccarini (2015), The Five-Star Movement: a hybrid actor in the net of state institutions. *Journal of Modern Italian Studies* 20 (4): 454–473.

Bornschier, Simon und Hanspeter Kriesi (2012), The Populist Right, the Working Class, and the Changing Face of Class Politics. In: Jens Rydgren (Hrsg.), *Class Politics and the Radical Right.* New York: Routledge, S. 10–29.

Broecker, Arne und Jonas Viering (2010), „Ein begnadeter Populist". *Süddeutsche Zeitung Online,* 19. Mai 2010, https://www.sueddeutsche.de/politik/oskar-lafontaine-ein-begnadeter-populist-1.886674-0. Zuletzt abgerufen am 7. Dezember 2021.

Brown, Katy und Aurelien Mondon (2021), Populism, the media, and the mainstreaming of the far right: The Guardian's coverage of populism as a case study. *Politics* 41 (3): 279–295.

Brubaker, Rogers (2017), Why Populism? *Theory and Society* 46: 357–385.

Buzogány, Aron und Christoph Mohamad-Klotzbach (2022), Environmental Populism. In:Michael Oswald (Hrsg.), The Palgrave Handbook of Populism. Palgrave: Basingstoke, S. 321–340.

Campbell, Angus, Philip E. Converse, Warren E. Miller und Donald E. Stokes (1960), *The American Voter.* University of Chicago Press: Chicago.

Canovan, Margaret (1981), *Populism.* Harcourt: New York.

Canovan, Margaret (1982), Two Strategies for the Study of Populism. *Political Studies* 30 (4): 544–552.

Canovan, Margaret (1999), Trust the People! Populism and the Two Faces of Democracy. *Political Studies* 47 (1): 2–16.

Canovan, Margaret (2002), Taking Politics to the People: Populism as the Ideology of Democracy. In: Yves Mény and Yves Surel (Hrsg.), *Democracies and the Populist Challenge.* Palgrave: New York, S. 25–44.

Canovan, Margaret (2004), Populism for political theorists? *Journal of Political Ideologies* 9 (3): 241–252.

Caramani, Daniele (2017), Will vs. Reason: The Populist and Technocratic Forms of Political Representation and Their Critique to Party Government. *American Political Science Review* 111 (1): 54–67.

Casiraghi, Matteo CM (2020), 'You're a populist! No, you are a populist!': The rhetorical analysis of a popular insult in the United Kingdom, 1970-2018. *British Journal of Politics and International Relations* 23 (4): 555–575.

Castanho Silva, Bruno, Frederico Vegetti und Levente Littvay (2017), The Elite Is Up to Something: Exploring the Relation Between Populism and Belief in Conspiracy Theories. *Swiss Political Science Review* 23 (4): 423-443.

Chapman, Annabelle (2017), *Pluralism Under Attack: The Assault on Press Freedom in Poland.* Freedom House: Washington/New York.

Chou, Winston, Rafaela Dancygier, Naoki Egami und Amaney A. Jamal (2021), Competing for Loyalists? How Party Positioning Affects Populist Radical Right Voting. *Comparative Political Studies* (online first).

Clarke, John und Janet Newman (2017), 'People in this country have had enough of experts': Brexit and the paradoxes of populism. *Critical Policy Studies* 11 (1): 101–116.

Coppedge, Michael, John Gerring, Carl Henrik Knutsen, Staffan I. Lindberg, Jan Teorell, Nazifa Alizada, David Altman, Michael Bernhard, Agnes Cornell, M. Steven Fish, Lisa Gastaldi, Haakon Gjerløw, Adam Glynn, Sandra Grahn, Allen Hicken, Garry Hindle, Nina Ilchenko, Katrin Kinzelbach, Joshua Krusell, Kyle L. Marquardt, Kelly McMann, Valeriya Mechkova, Juraj Medzihorsky, Pamela Paxton, Daniel Pemstein, Josefine Pernes, Oskar Ryd´en, Johannes von Röomer, Brigitte Seim, Rachel Sigman, Svend-Erik Skaaning, Jeffrey Staton, Aksel Sundström, Eitan Tzelgov, Yi-ting Wang, Tore Wig, Steven Wilson und Daniel Ziblatt (2022), *V-Dem Country–Year Dataset v12. Varieties of Democracy (V-Dem) Project.* https://doi.org/10.23696/vdemds22.

Dahl, Robert A. (2006), *A Preface to Democratic Theory. Expanded Edition.* University of Chicago Press: Chicago/London.

de Blasio, Emiliana und Michele Sorice (2018), Populism between direct democracy and thetechnological myth. *Palgrave Communications* 15 (4): 1–11.

Decker, Frank (2000), *Parteien unter Druck. Der neue Rechtspopulismus in den westlichen Demokratien.* Lecke + Budrich: Opladen.

Decker, Frank (2004), *Der neue Rechtspopulismus.* Leske + Budrich: Opladen.

Decker, Frank (2006a), Die populistische Herausforderung. Theoretische und ländervergleichende Perspektiven. In: Ders. (Hrsg.), *Populismus. Gefahr für die Demokratie oder nützliches Korrektiv?* Springer VS: Wiesbaden, S. 9–32.

Decker, Frank, Hrsg. (2006b), *Populismus. Gefahr für die Demokratie oder nützliches Korrektiv?* Springer VS: Wiesbaden.

Decker, Frank (2015), Rechts- und Linkspopulismus in Westeuropa. In: Uwe Backes, Alexander Gallus und Eckhard Jesse (Hrsg.), *Jahrbuch Extremismus & Demokratie, Band 27.* Nomos: Baden-Baden, S. 57–72.

Decker, Frank (2018), Was ist Rechtspopulismus? *Politische Vierteljahresschrift* 59 (2): 353–369.

Decker, Frank (2022), Was ist Rechtspopulismus? In: Frank Decker, Bernd Henningsen, Marcel Lewandowsky und Philipp Adorf (Hrsg), *Aufstand der Außenseiter. Die Herausforderung der europäischen Politik durch den neuen Populismus.* Nomos: Baden-Baden, S. 35–55

Decker, Frank und Marcel Lewandowsky (2012), Die Rechtspopulistische Parteienfamilie. In: Uwe Jun und Benjamin Höhne (Hrsg.), *Parteienfamilien. Identitätsbestimmend oder nur noch Etikett?* Budrich: Opladen, S. 272–285.

Decker, Frank und Marcel Lewandowsky (2017), Rechtspopulismus in Europa: Erscheinungsformen, Ursachen und Gegenstrategien. *Zeitschrift für Politik* 64 (1): 21–38.

De Ghantuz Cubbe, Giovanni (2020), Lega und Fünf-Sterne-Bewegung:Rechts- und Linkspopulismus? *Totalitarismus und Demokratie* 17: 45–66.

De Lange, Sarah Leah (2022), The Netherlands: Divergent paths for the populist radical right. In: Germany: The Alternative for Germany in the COVID-19 Pandemic. In: Nils Ringe und Lucio Renno (Hrsg.), *Populists and the Pandemic: How Populists around the World Respond to COVID-19.* Routledge: London (im Erscheinen).

De Lange, Sarah Leah und Liza M. Mügge (2015), Gender and right-wing populism in the Low Countries: ideological variations across parties and time. *Patterns of Prejudice* 40 (1–2): 61–80.

De la Torre, Carlos (2019), Is left populism the radical democratic answer? *Irish Journal of Sociology* 27 (1): 64–71.

Destradi, Sandra und Johannes Plagemann (2019), Populism and International Relations: (Un)predictability personalisation and the reinforcement of existing trends in world politics. *Review of International Studies* 45 (5): 711-730.

Di Cocco, Jessica und Bernardo Monechi (2021), How Populist are Parties? Measuring Degrees of Populism in Party Manifestos Using Supervised Machine Learning. *Political Analysis* (online first).

Dietze, Gabriele (2022), Right-Wing Populism and Gender. In: Michael Oswald (Hrsg.), *The Palgrave Handbook of Populism*. Palgrave: Basingstoke, S. 277–290.

Döring, Holger und Philip Manow (2019), *Parliaments and governments database (ParlGov): Information on parties, elections and cabinets in modern democracies. Development version.*

Dolezal, Martin und Eva Zeglovits (2014), Almost an Earthquake: The Austrian Parliamentary Election of 2013. *West European Politics* 37 (3): 644–652,

Donovan, Todd (2019), Authoritarian attitudes and support for radical right populists. *Journal of Elections, Public Opinion and Parties* 29 (4): 448–464.

Donovan, Todd (2021), Right populist parties and support for strong leaders. *Party Politics* 27 (5): 858–869.

Downs, Anthony (1957), *An Economic Theory of Democracy.* Harper & Row: New York.

Downs, William S. (2001), Pariahs in their Midst: Belgian and Norwegian Parties React to Extremist Threats. *West European Politics* 24 (3): 23–42.

Duverger, Maurice (1980), A New Political System Model: Semi-Presidential Government. *European Journal of Political Research* 8 (2): 165–187.

Engler, Sarah (2020), Centrist anti-establishment parties and their protest voters: more than a superficial romance? *European Political Science Review* (online first).

Engler, Sarah, Bartek Pytlas und Kevin Deegan-Krause (2019), Assessing the diversity of anti-establishment and populist politics in Central and Eastern Europe. *West European Politics* 42 (6): 1310–1336.

Feldman, Stanley (2003), Enforcing social conformity: A theory of authoritarianism. *Political Psychology* 24 (1): 41–71.

Folvarčný, Adam und Lubomír Kopeček (2020), Which conservatism? The identity of the Polish Law and Justice party. *Politics in Central Europe* 16 (1): 159–188.

Fomina, Joanna und Jacek Kucharczyk (2016), The Specter Haunting Europe: Populism and Protest in Poland. *Journal of Democracy* 27 (4): 58–68.

Franzmann, Simon (2016), Calling the Ghost of Populism: The AfD's Strategic and Tactical Agendas until the EP Election 2014. *German Politics* 25 (4): 457–479.

Franzmann, Simon und Marcel Lewandowsky (2020), *Populismus? Populismen! Programmatische Heterogenität rechtspopulistischer Parteien in Westeuropa.* Bonner Akademie für Forschung und Lehre praktischer Politik: Bonn.

Gerbaudo, Paolo (2018), Social media and populism: an elective affinity? Media, Culture & Society 40 (5): 745-753.

Greskovits, Béla (2020), Rebuilding the Hungarian right through conquering civil society: the Civic Circles Movement. *East European Politics* 36 (2): 247–266.

Grotz, Florian und Marcel Lewandowsky (2020), Promoting or Controlling Political Decisions? Citizen Preferences for Direct-Democratic Institutions in Germany. *German Politics* 29 (2): 180–200.

Guasti, Petra (2020), Populism in Power and Democracy: Democratic Decay and Resilience in the Czech Republic (2013–2020). *Politics and Governance* 8 (4): 473–484.

Hanley, Seán und Milada Anna Vachudova (2018), Understanding the illiberal turn: democratic backsliding in the Czech Republic. *East European Politics* 34 (3): 276–296.

Harmel, Robert & Lars Svåsand (1993), Party leadership and party institutionalisation: Three phases of development. *West European Politics* 16 82): 67–88.

Hartleb, Florian (2004), *Rechts- und Linkspopulismus. Eine Fallstudie anhand von Schill-Partei und PDS.* Springer VS: Wiesbaden.

Hawkins, Kirk A., Madeleine Read und Teun Pauwels (2017a), Populism and ist Causes. In: In: Cristóbal Rovira Kaltwasser, Paul Taggart, Paulina Ochoa Espejo und Pierry Ostiguy (Hrsg.), *The Oxford Handbook of Populism.* Oxford University Press: Oxford, S. 267–286.

Hawkins, Kirk A. und Cristóbal Rovira Kaltwasser (2017b), What the (Ideational) Study of Populism Can Teach Us, and What It Can't. *Swiss Political Science Review* 23 (4): 526–542.

Hawkins, Kirk A. und Cristóbal Rovira Kaltwasser (2019), Introduction: The ideational approach. In: Kirk A. Hawkins, Ryan E. Carlin, Levente Littvay und Cristóbal Rovira Kaltwasser (Hrsg.), *The Ideational Approach to Populism. Concept, Theory, and Analysis*. Routledge: London/New York, S. 1–24

Hawkins, Kirk A., Rosario Aguilar, Bruno Castanho Silva, Erin K. Jenne, Bojana Kocijan und Cristóbal Rovira Kaltwasser (2019), *Measuring Populist Discourse: The Global Populism Database*. Paper presented at the 2019 EPSA Annual Conference in Belfast, UK, June 20–22.

Hawkins, Kirk A., Cristóbal Rovira Kaltwasser und Ioannis Andreadis (2020), The Activation of Populist Attitudes. *Government and Opposition* 55 (2): 283–307.

Hay, Colin und Cyril Benoît (2020), Brexit, Positional Populism, and the Declining Appeal of Valence Politics. *Critical Review* 31 (3–4): 389–404.

Heinisch, Reinhard und Oscar Mazzoleni (2016), Comparing Populist Organizations. In: Dies. (Hrsg.), *Understanding Populist Party Organisation. The Radical Right in Western Europe*. Palgrave: London, S. 221–246.

Heinze, Anna-Sophie (2018), Strategies of mainstream parties towards their right-wing populist challengers: Denmark, Norway, Sweden and Finland in comparison. *West European Politics* 41 (2): 287–309.

Heinze, Anna-Sophie (2020), *Strategien gegen Rechtspopulismus? Der Umgang der AfD in den Landesparlamenten*. Nomos: Baden-Baden.

Heinze, Anna-Sophie und Manès Weisskircher (2021), No Strong Leaders Needed? AfD Party Organisation Between Collective Leadership, Internal Democracy, and "Movement-Party" Strategy. *Politics and Governance* 9 (4): 263–274.

Hloušek, Vít, Lubomír Kopeček und Petra Vodová (2020), *The Rise of Entrepreneurial Parties in European Politics*. Palgrave: Basingstoke.

Höhne, Benjamin (2021), How Democracy Works within a Populist Party: Candidate Selection in the Alternative for Germany. *Government and Opposition* (online first).

Höreth, Marcus (2014), *Verfassungsgerichtsbarkeit in der Bundesrepublik Deutschland.* Kohlhammer: Stuttgart.

Homolar, Alexandra und Ronny Scholz (2019), The power of Trump-speak: populist crisis narratives and ontological security. *Cambridge Review of International Affairs* 32 (3): 344-364

Hoogvliet, Rudi und Michael Wedell (2001), ‚Von der Anti-Parteien-Parti zur Alternative im Parteiensystem': Bündnis 90/Die Grünen. *Forschungsjournal Soziale Bewegungen* 14 (3): 52–58.

Huber, Robert A. (2020), The role of populist attitudes in explaining climate change skepticism and support for environmental protection. *Environmental Politics* 29 (6): 959-982.

Huber, Robert A. und Saskia Ruth (2017), Mind the Gap! Populism, Participation and Representation in Europe. *Swiss Political Science Review* 23 (4): 462–484.

Huber, Robert A. und Christian Schimpf (2017), On the Distinct Effects of Left-Wing and Right-Wing Populism on Democratic Quality. *Politics and Governance* 5 (4): 146–165.

Hunger, Sophia und Fred Paxton (2021), What's in a Buzzword? A Systematic Review of the State of Populism Research in Political Science. *Political Science Research and Methods* (online first).

Hyttinen, Anniina (2021), Deradicalisation of Jobbik and its consequences – a visual ethnographic analysis of the symbolic and ritual change of a Hungarian radical right party. *European Journal of Cultural and Political Sociology* (online first).

Ilonszki, Gabrielle und Adrienn Vajda (2021), How Far Can Populist Governments Go? The Impact of the Populist Government on the Hungarian Parliament. *Parliamentary Affairs* 74 (4): 770–785.

Inglehart, Ronald (1977), *The Silent Revolution: Changing Values and Political Styles among Western Publics.* Princeton University Press: Princeton.

Inglehart, Ronald (2008), Changing Values among Western Publics from 1970 to 2006. *West European Politics* 31 (1–2): 130–146.

Ionescu, Ghita und Ernest Gellner, Hrsg. (1969), *Populism: Its meanings and national characteristics.* London: Weidenfeld and Nicolson.

Ivaldi, Gilles (2019), Populism in France. In: David Stockemer (Hrsg.), *Populism Around the World.* Springer: Cham, S. 27–47.

Iversflaten, Elisabeth und Rune Stubager (2013), Voting for the populist radical right in Western Europe: The role of education. In: Jens Rydgren (Hrsg.), *Class Politics and the Radical Right.* Routledge: New York, S. 122–137.

Jagers, Jan und Stefaan Walgrave (2007), Populism as political communication style: An empirical study of political parties' discourse in Belgium. *European Journal of Political Research* 46: 319–345.

Jakobsen, Kjetil A. (2022), Aufstand der Bildungsverlierer? Die Fortschrittspartei auf dem norwegischen Sonderweg. In: Frank Decker, Bernd Henningsen, Marcel Lewandowsky und Philipp Adorf (Hrsg.), *Aufstand der Außenseiter. Die Herausforderung der europäischen Politik durch den neuen Populismus.* Nomos: Baden-Baden, S. 243–260.

Jankowski, Michael und Robert A. Huber (2022), When Correlation is Not Enough: Validating Populism Scores from Supervised Machine-Learning Models. *Political Analysis* (im Erscheinen).

Jaschke, Hans-Gerd (2020), *Politischer Extremismus. Eine Einführung.* 2., vollständig überarbeitete und erweiterte Auflage. Springer VS: Wiesbaden.

Jesse, Eckhard (2012), Die Diskussion um ein neuerliches NPD-Verbotsverfahren – Verbot: kein Gebot, Gebot: kein Verbot. *Zeitschrift für Politik* 59 (3): 296–313.

Jolly, Seth, Ryan Bakker, Liesbet Hooghe, Gary Marks, Jonathan Polk, Jan Rovny, Marco Steenbergen und Milada Anna Vachudova (2022), Chapel Hill Expert Survey Trend File, 1999–2019. *Electoral Studies* 75 (im Erscheinen).

Jupskås, Anders Ravik (2018), Shaken, but Not Stirred: How Right-wing Populist Parties Have Influenced Parties and Party Systems in Scandinavia. In: Stefan Wolinetz, and Andrej Zaslove (Hrsg.), *Absorbing the Blow. Populist Parties and their Impact on Parties and Party Systems.* Routledge: London/New York, S. 103–144.

Jupskås, Anders Ravik, Elisabeth Ivarsflaten, Bente Kalsnes und Toril Aalberg (2017), Norway: Populism From Anti-Tax Movement to Government Party. In: Toril Aalberg, Frank Esser, Carsten Reinemann, Jesper Strömbäck, and Claas H. de Vreese (Hrsg.), *Populist Political Communication in Europe.* Routledge: London/New York, S. 54–67.

Kalmar, Ivan (2020), Islamophobia and anti-antisemitism: the case of Hungary and the 'Soros plot'. *Patterns of Prejudice* 54 (1–2): 182–198.

Katsambekis, Giorgos und Alexandros Kioupkiolis (2019). Introduction: The Populist Radical Left in Europe. In: Dies. (Hrsg.), *The Populist Radical Left in Europe.* Routledge: London, S. 1–20.

Katsanidou, Alexia und Ann-Kathrin Reinl (2020), Populists in Government: Voter Defection and Party Resilience. *Representation* 56 (3): 349–366.

Ketelhut, Jörn, Angelika Kretschmer, Marcel Lewandowsky und Léa Roger (2016), Facetten des deutschen Euroskeptizismus: Eine qualitative Analyse der deutschen Wahlprogramme zur Europawahl 2014. *Zeitschrift für Parlamentsfragen* 47 (2): 285–304.

Kluth, Winfried (2017), Die erzwungene Verfassungsänderung: Das NPD-Urteil des Bundesverfassungsgerichts vom 17. Januar 2017 und die Reaktion des verfassungsändernden Gesetzgebers. *Zeitschrift für Parlamentsfragen* 48 (3): 676–690.

Koncewicz, Tomasz Tadeusz (2020), The Politics of Resentment and First Principles in the European Court of Justice. In: Francesca Bignami (Hrsg.), *EU Law in Populist Times: Crises and Prospects.* Cambridge University Press: Cambridge, S. 457–476.

Krekó, Péter und Zsolt Enyedi (2018), Explaining Eastern Europe: Orbán's Laboratory of Illiberalism. *Journal of Democracy* 29 (3): 29–51.

Kroh, Martin und Peter Selb (2009), Inheritance and the Dynamics of Party Identification. *Political Behavior* 31: 559–574.

Laclau, Ernesto (1977), *Politics and Ideology in Marxist Theory: Capitalism—Fascism—Populism.* New Left Books: London.

Laclau, Ernesto (2005), *On Populist Reason.* Verso: London/New York.

Lane, Jan-Erik und Svante Ersson (2003), *Democracy: A Comparative Approach.* Routledge: London.

Lehmann, Pola und Lisa Zehnter (2022), The Self-Proclaimed Defender of Freedom: The AfD and the Pandemic. *Government and Opposition* (online first).

Leidig, Eviane (2020), Hindutva as a variant of right-wing extremism. *Patterns of Prejudice* 54 (3): 215–237.

Lengfeld, Holger (2017), Die „Alternative für Deutschland": eine Partei für Modernisierungsverlierer? *Kölner Zeitschrift für Soziologie und Sozialpsychologie* 69: 209–232.

Levitsky, Steven und Daniel Ziblatt (2018), *How Democracies Die.* Crown: New York.

Lewandowsky, Marcel (2020), Populist Politicians: Populism, Democratic Dissatisfaction and the Perception of Representation. The Case of Greece. In: Sebastian Bukow und Uwe Jun (Hrsg.), *Politische Vierteljahresschrift Special Issue: Continuity and Change of Party Democracies in Europe.* Springer VS: Wiesbaden, S. 253–280.

Lewandowsky, Marcel und Aiko Wagner (2022), Fighting for a Lost Cause? Availability of Populist Radical Right Voters for Established Parties. The Case of Germany. *Representation* (online first).

Lewandowsky, Marcel, Heiko Giebler und Aiko Wagner (2016), Rechtspopulismus in Deutschland: Eine empirische Einordnung der Parteien zur Bundestagswahl 2013 unter besonderer Berücksichtigung der AfD. *Politische Vierteljahresschrift* 57 (2): 247–275.

Lewandowsky, Marcel, Christoph Leonhardt und Andreas Blätte (2022a), Germany: The Alternative for Germany in the COVID-19 Pandemic. In: Nils Ringe und Lucio Renno (Hrsg.), *Populists and the Pandemic: How Populists around the World Respond to COVID-19*. Routledge: London (im Erscheinen).

Lewandowsky, Marcel, Julia Schwanholz, Christoph Leonhardt und Andreas Blätte (2022b), New parties, populism, and parliamentary polarization. Evidence from plenary debates in the German Bundestag. In: Michael Oswald (Hrsg.), *The Palgrave Handbook of Populism*. Palgrave: Basingstoke, S. 611–628.

Lewandowsky, Marcel, Jasmin Siri und Nicole Loew (2019), The Man That Wasn't There: Exploring the Subcutaneous Manifestations of Party-Based Radical Right Populism. *SAGE Research Methods Cases*.

Lockwood, Matthew (2018), Right-wing populism and the climate change agenda: exploring the linkages. *Environmental Politics* 27 (4): 712–732.

Loew, Nicole und Thorsten Faas (2019), Between Thin- and Host-ideologies: How Populist Attitudes Interact with Policy Preferences in Shaping Voting Behaviour. *Representation* 55 (4): 493–511.

Löfflmann, Georg (2022), Introduction to special issue: The study of populism in international relations. *British Journal of Politics and International Relations* 24 (3): 403-415.

Lorencka, Małgorzata und Giulia Aravantinou Leonidi (2019), Syriza in Power (2015-2019): A Review of Selected Aspects. *Political Preferences* 24: 5–26.

Louwerse, Tom und Simon Otjes (2015), Populists in Parliament: Comparing Left-Wing and Right-Wing Populism in the Netherlands. *Political Studies* 63 (1): 60–79.

Louwerse, Tom und Simon Otjes (2019), How Populists Wage Opposition: Parliamentary Opposition Behaviour and Populism in the Netherlands. *Political Studies* 67 (2): 479–495.

Lührmann, Anna und Sebastian Hellmeier (2020), *Populismus, Nationalismus und Illiberalismus: Herausforderung für Demokratie und Zivilgesellschaft*. Heinrich-Böll-Stiftung: Berlin.

Lührmann, Anna, Nils Düpont, Masaaki Higashijima, Yaman Berker Kavasoglu, Kyle L. Marquardt, Michael Bernhard, Holger Döring, Allen Hicken, Melis Laebens, Staffan I. Lindberg, Juraj Medzihorsky, Anja Neundorf, Ora John Reuter, Saskia Ruth-Lovell, Keith R. Weghorst, Nina Wiesehomeier, Joseph Wright, Nazifa Alizada, Paul Bederke, Lisa Gastaldi, Sandra Grahn, Garry Hindle, Nina Ilchenko, Johannes von Römer, Steven Wilson, Daniel Pemstein und Brigitte Seim (2020), *Varieties of Party Identity and Organization (V-Party) Dataset V1*. Varieties of Democracy (V-Dem) Project.

Maatsch, Aleksandra und Eric Miklin (2021), Representative Democracy in Danger? The Impact of Populist Parties in Government on the Powers and Practices of National Parliaments. *Parliamentary Affairs* 74: 761–769.

Manow, Philip (2020), Welche Rolle spielen Wohlfahrtsstaatlichkeit und Globalisierung für die Ausprägungen des Populismus? *Totalitarismus und Demokratie* 17: 35–44.

Manow, Philip (2021a), *Die politische Ökonomie des Populismus*. Suhrkamp: Frankfurt am Main.

Manow, Philip (2021b), The political economy of populism in Europe: Hyperglobalization and the heterogeneity of protest movements. *Chatham House Research Paper, December*.

March, Luke (2017), Left and right populism compared: The British case. *British Journal of Politics and International Relations* 19 (2): 282–303.

March, Luke und Cas Mudde (2005), What's Left of the Radical Left? The European Radical Left After 1989: Decline and Mutation. *Comparative European Politics* 3: 23–49.

Marcos-Marne, Hugo (2021), A Tale of Populism? The Determinants of Voting for Left-Wing Populist Parties in Spain. *Political Studies* 69 (4): 1053–1071.

May, John D. (1973), Opinion Structure of Political Parties: The Special Law of Curvilinear Disparity. *Political Studies* 21 (2): 135–151.

McDonnell, Duncan (2015), Populist Leaders and Coterie Charisma. *Political Studies* 64 (3): 719–733.

McDonnell, Duncan und Annika Werner (2020), *International Populism: The Radical Right in the European Parliament.* Oxford University Press: Oxford.

McManus, Ian P. (2021), Socio-economic and socio-cultural foundations of voter support for far-left and far-right parties. *Journal of Contemporary European Studies* (online first).

McTague, Tom (2019), Boris Johnson Is Not Britain's Donald Trump. Jeremy Corbyn Is. *The Atlantic*, 14. November 2019, https://www.theatlantic.com/international/archive/2019/11/jeremy-corbyn-like-donald-trump-not-boris-johnson/601957/. Zuletzt abgerufen am 7. Dezember 2021.

Mede, Niels G. und Mike S. Schäfer (2020), Science-related populism: Conceptualizing populist demands toward science. *Public Understanding of Science* 29 (5): 473–491.

Meijers, Maurits J. und Andrej Zaslove (2021), Measuring Populism in Political Parties: Appraisal of a New Approach. *Comparative Political Studies* 54 (2): 372–407.

Mendes, Mariana S. und James Dennison (2021), Explaining the emergence of the radical right in Spain and Portugal: salience, stigma and supply. *West European Politics* 44 (4): 752–775.

Meret, Susi (2010), *The Danish People's Party, the Italian Northern League and the Austrian Freedom Party in a Comparative Perspective: Party Ideology and Electoral Support.* Institut for Historie, Internationale Studier og Samfundsforhold, Aalborg Universitet. Spirit PhD Series No. 25.

Meret, Susi (2021), Duties first, Rights next! The Danish Social Democrats' right Turn on Migration Politics. *Comparative Social Research* 35: 223–244.

Merkel, Wolfgang (2004), Embedded and defective democracies. *Democratization* 11 (5), 33–58.

Merkley, Eric (2020), Anti-Intellectualism, Populism, and Motivated Resistance to Expert Consensus. *Public Opinion Quarterly* 84 (1): 24–48.

Meyer, Thomas (2006), Populismus und Medien. In: Frank Decker (Hrsg.), *Populismus. Gefahr für die Demokratie oder nützliches Korrektiv?* Springer VS: Wiesbaden, S. 81–96.

Minkenberg, Michael (2018), Was ist Rechtspopulismus? *Politische Vierteljahresschrift* 59 (2): 337–352.

Miliopoulos, Lazaros (2022), Unabhängige Griechen und Goldene Morgenröte: Die radikale Rechte in Griechenland. In: Frank Decker, Bernd Henningsen, Marcel Lewandowsky und Philipp Adorf (Hrsg.), *Aufstand der Außenseiter. Die Herausforderung der europäischen Politik durch den neuen Populismus.* Nomos: Baden-Baden, S. 369–382.

Möller, Kolja (2019), Populismus und Verfassung. Der autoritäre Populismus als Herausforderung für die liberale Demokratie. *Zeitschrift für Politik* 66 (4): 430–444.

Moffitt, Benjamin (2015), How to Perform Crisis: A Model for Understanding the Key Role of Crisis in Contemporary Populism. *Government and Opposition* 50 (2): 189–217.

Moffitt, Benjamin (2018), The Populism/Anti-Populism Divide in Western Europe. *Democratic Theory* 5 (2): 1–16.

Moffitt, Benjamin (2020), *Populism.* Polity Press: Cambridge.

Moffitt, Benjamin und Simon Tormey (2014), Rethinking Populism: Politics, Mediatisation and Political Style. *Political Studies* 62: 381–397.

Morlok, Martin (2013), Das Parteiverbot. *Juristische Ausbildung* 35 (4): 317–325.

Mouffe, Chantal (2019), *For a Left Populism.* Verso: London/New York.

Mohrenberg, Steffen, Robert A. Huber und Tina Freyburg (2021), Love at first sight? Populist attitudes and support for direct democracy. *Party Politics* 27 (3): 528–539.

Mudde, Cas (1996), The war of words defining the extreme right party family. *West European Politics* 19 (2): 225–248.

Mudde, Cas (2004), The Populist Zeitgeist. *Government and Opposition* 39 (4): 541–563.

Mudde, Cas (2007), *Populist Radical Right Parties in Europe*. Cambridge University Press: Cambridge.
Mudde, Cas (2010), The Populist Radical Right: A Pathological Normalcy. *West European Politics* 33 (6): 1167–1186.
Mudde, Cas (2017), Populism: An Ideational Approach. In: Cristóbal Rovira Kaltwasser, Paul Taggart, Paulina Ochoa Espejo und Pierry Ostiguy (Hrsg.), *The Oxford Handbook of Populism*. Oxford University Press: Oxford, S. 27–47.
Mudde, Cas (2019), *The Far Right Today*. Polity Press: Cambridge.
Mudde, Cas (2021), Populism in Europe: An Illiberal Democratic Response to Undemocratic Liberalism (The Government and Opposition/Leonard Schapiro Lecture 2019). *Government and Opposition* 56 (4): 577–597.
Mudde, Cas und Cristóbal Rovira Kaltwasser (2012), Populism and (Liberal) Democracy. A Framework for Analysis. In: Dies. (Hrsg.), *Populism in Europe and the Americas. Threat or Corrective for Democracy?* Cambridge: Cambridge University Press, S. 1–26.
Mudde, Cas und Cristóbal Rovira Kaltwasser (2013), Exclusionary vs. Inclusionary Populism: Comparing Contemporary Europe and Latin America. *Government and Opposition* 48 (2): 147–174.
Mudde, Cas und Cristóbal Rovira Kaltwasser (2014), Populism and Political Leadership. In: R. A. W. Rhodes and Paul't Hart (Hrsg.), *The Oxford Handbook of Political Leadership*. Oxford University Press: Oxford, S. 376–388.
Müller, Jan-Werner (2016a), *Was ist Populismus? Ein Essay*. Suhrkamp: Frankfurt am Main.
Müller, Jan-Werner (2016b), Was heißt: Populismus an der Macht? *Osteuropa* 66 (1–2): 5–17.
Müller, Jan-Werner (2017a), Populism and Constitutionalism. In: Cristóbal Rovira Kaltwasser, Paul Taggart, Paulina Ochoa Espejo und Pierry Ostiguy (Hrsg.), *The Oxford Handbook of Populism*. Oxford University Press: Oxford, S. 590–606.
Müller, Jan-Werner (2017b), Was ist Populismus? *Zeitschrift für Politische Theorie* 7 (2): 187–201.

Neff, Benedict (2018), AfD-Chef Alexander Gauland kann sich eine Regierung mit der CDU vorstellen. *Neue Zürcher Zeitung*, 1. Oktober, https://www.nzz.ch/international/gauland-kann-sich-eine-regierung-mit-der-cdu-vorstellen-ld.1424570, zuletzt abgerufen am 6. Juni 2022.

Norocel, Ov Cristian (2017), Finland: From Agrarian to Right-Wing Populism. In: Toril Aalberg, Frank Esser, Carsten Reinemann, Jesper Stromback und Claes De Vreese (Hrsg.), *Populist Political Communication in Europe*. Routledge: London, S. 42–53.

Norris, Pippa (2019), *The Global Party Survey*, www.globalpartysurvey.org.

Norris, Pippa und Ronald Inglehart (2019), *Cultural Backlash: Trump, Brexit, and Authoritarian Populism*. Cambridge University Press: Cambridge.

Oberluggauer, Patricia, Flooh Perlot und Katrin Praprotnik (2022), Demokratiezufriedenheit in Österreich – was bleibt nach Ibiza? *Österreichische Zeitschrift für Politikwissenschaft* 50 (4): 1–19.

Oberreuter, Heinrich (1980), *Pluralismus. Grundlegung und Diskussion*. Springer VS: Wiesbaden.

Obradović, Sandra, Séamus A. Power und Jennifer Sheehy-Skeffington (2020), Understanding the psychological appeal of populism. *Current Opinion in Psychology* 35: 125–131.

O'Brien, Thomas (2015), Populism, protest and democracy in the twenty-first century. *Contemporary Social Science* 10 (4): 337–348.

Otteni, Cyrill und Manès Weisskircher (2021), Global warming and polarization.Wind turbines and the electoral success of the greens and the populist radical right. *European Journal of Political Research* (online first).

o.V. (2019), Kramp-Karrenbauer wirft Kühnert Populismus vor. Der Tagesspiegel, 6. Mai, https://www.tagesspiegel.de/politik/sozialismus-thesen-des-juso-chefs-kramp-karrenbauer-wirft-kuehnert-populismus-vor/24307420.html.

Pappas, Takis S. (2019), Populists in power. *Journal of Democracy* 30 (2): 70–84.
Pappas, Takis S. (2020), The Pushback Against Populism: The Rise and Fall of Greece's New Illiberalism. *Journal of Democracy* 31 (2): 54–68
Patzelt, Werner (2013), *Einführung in die Politikwissenschaft: Grundriss des Faches und studiumbegleitende Orientierung*. Rothe: Passau.
Pirro, Andrea L. P. (2014), Populist Radical Right Parties in Central and Eastern Europe: The Different Context and Issues of the Prophets of the Patria. *Government and Opposition* 49 (4): 600–629.
Pirro, Andrea L. P. (2018), Lo and behold. Jobbik and the crafting of a new Hungarian far right. In: Manuela Caiani und Ondřej Císař (Hrsg.), *Radical Right Movement Parties in Europe*. Routledge: London, S. 151–167.
Pitkin, Hanna F. (1967), *The Concept of Representation*. University of California Press: Berkeley/Los Angeles/London.
Poblete, Mario E. (2015), How to assess populist discourse through three current approaches. *Journal of Political Ideologies* 20 (2): 210–218.
Pop-Eleches, Grigore (2010), Throwing out the Bums: Protest Voting and Unorthodox Parties after Communism. *World Politics* 62 (2): 221–260.
Poyet, Corentin und Tapio Raunio (2021), Confrontational but Respecting the Rules: The Minor Impact of the Finns Party on Legislative-Executive Relations. *Parliamentary Affairs* 74: 819–834.
Priester, Karin (2012), *Rechter und linker Populismus. Annäherung an ein Chamäleon*. Campus: Frankfurt/New York.
Priester, Karin (2019), Zur Soziologie des Populismus. „Die kleinen Leute" zwischen Abstiegsangst und kultureller Entwertung. In: Sabrina Ellebrecht, Stefan Kaufmann und Peter Zoche (Hrsg.), *(Un-)Sicherheiten im Wandel. Gesellschaftliche Dimensionen von Sicherheit*. Lit Verlag: Münster, S. 27–42.
Puhle, Hans-Georg (2003), Zwischen Protest und Politikstil: Populismus, Neo-Populismus und Demokratie. In: Nikolaus

Werz (Hrsg.), *Populismus. Populisten in Übersee und Europa.* Springer VS: Wiesbaden, S. 15–43.

PVV (2010), *De agenda van hoop en optimisme – Een tijd om te kiezen: PVV 2010–2015.*

Pytlas, Bartek (2018a), Populist radical right mainstreaming and challenges to democracy in an enlarged Europe. In: Lise Esther Herman und James Muldoon (Hrsg.): *Trumping the Mainstream. The Conquest of Democratic Politics by the Populist Radical Right.* Routledge: Abingdon, S. 164–185.

Pytlas, Bartek (2018b), Radical right politics in East and West: Distinctive yet equivalent. *Sociology Compass* 12: 1–15.

Pytlas, Bartek (2021), Party Organisation of PiS in Poland: Between Electoral Rhetoric and Absolutist Practice. *Politics and Governance* 9 (4): 340–353.

Pytlas, Bartek (2022), From mainstream to power: The Law and Justice party in Poland. In: Frank Decker, Bernd Henningsen, Marcel Lewandowsky und Philipp Adorf (Hrsg.), Aufstand der Außenseiter. Die Herausforderung der europäischen Politik durch den neuen Populismus. Nomos: Baden-Baden, S. 401–413.

Ramiro, Luis und Raul Gomez (2017), Radical-Left Populism during the Great Recession: Podemos and Its Competition with the Established Radical Left. *Political Studies* 65 (1): 108–126.

Raschke, Joachim und Ralf Tils (2013), *Politische Strategie. Eine Grundlegung.* 2. Auflage. Springer VS: Wiesbaden.

Rensmann, Lars (2006), Populismus und Ideologie. In: Frank Decker (Hrsg.), *Populismus. Gefahr für die Demokratie oder nützliches Korrektiv?* Springer VS: Wiesbaden, S. 59–79.

Ringe, Nils und Lucio Renno (2022), Conclusion. In: Dies. (Hrsg.), *Populists and the Pandemic: How Populists around the World Respond to COVID-19.* Routledge: London (im Erscheinen).

Rodrik, Dani (2018), Populism and the Political Economy of Globalization. *Journal of International Business Policy* 1 (1): 12–33.

Rooduijn, Matthijs (2014), The Nucleus of Populism: In Search of the Lowest Common Denominator. *Government and Opposition* 49 (4): 573–599.

Rooduijn, Matthijs (2015), The rise of the populist radical right in Western Europe. *European View* 14: 3–11.

Rooduijn, Matthijs (2018), What unites the voter bases of populist parties? Comparing the electorates of 15 populist parties. *European Political Science Review* 10 (3): 351–368.

Rooduijn, Matthijs, Stijn van Kessel, Caterina Froio, Andrea Pirro, Sarah Leah de Lange, Daphne Halikiopoulou, Paul Lewis, Cas Mudde und Paul Taggart (2019), *The PopuList: An Overview of Populist, Far Right, Far Left and Eurosceptic Parties in Europe*. www.popu-list.org.

Rooduijn, Matthijs und Tjitske Akkerman (2017), Flank attacks: Populism and left-right radicalism in Western Europe. *Party Politics* 23 (3): 193-204.

Rydgren, Jens (2006), Vom Wohlfahrtschauvinismus zur ideologisch begründeten Fremdenfeindlichkeit. Rechtspopulismus in Schweden und Dänemark. In: Frank Decker (Hrsg.), *Populismus. Gefahr für die Demokratie oder nützliches Korrektiv?* Springer VS: Wiesbaden, S. 165–190.

Rydgren, Jens (2017), Radical right-wing parties in Europe: What's populism got to do with it? *Journal of Language and Politics* 16 (4): 485–496.

Sadurski, Wojciech (2019), Polish Constitutional Tribunal Under PiS: From an Activist Court, to a Paralysed Tribunal, to a Governmental Enabler. *Hague Journal on the Rule of Law* 11: 63–84.

Santana, Andrés und José Rama (2018), Electoral support for left wing populist parties in Europe: addressing the globalization cleavage. *European Politics and Society* 19 (5): 558–576.

Sauer, Birgit (2019), Anti-feministische Mobilisierung in Europa. Kampf um eine neue politische Hegemonie? *Zeitschrift für Vergleichende Politikwissenschaft* 13 (3): 339–352.

Schäfer, Armin (2010), Die Folgen sozialer Ungleichheit für die Demokratie in Westeuropa. *Zeitschrift für Vergleichende Politikwissenschaft* 4: 131–156.

Schäfer, Armin (2021), Cultural backlash? How (not) to explain the rise of authoritarian populism. *British Journal of Political Science* (online first).

Scharpf, Fritz W. (1993), Legitimationsprobleme der Globalisierung – Regieren in Verhandlungssystemen, in: Carl Böhret und Göttrik Wewer (Hrsg.), *Regieren im 21. Jahrhundert.* Leske + Budrich: Opladen, S. 165–186.

Schedler, Andreas (1996), Anti-Political-Establishment Parties. *Party Politics* 2 (3): 291–312.

Schroeder, Wolfgang, Bernhard Weßels und Alexander Berzel (2022), Die AfD in den Landtagen: Zwischen Parlaments- und „Bewegungs"-Orientierung. In: Frank Decker, Bernd Henningsen, Marcel Lewandowsky und Philipp Adorf (Hrsg.), *Aufstand der Außenseiter. Die Herausforderung der europäischen Politik durch den neuen Populismus.* Nomos: Baden-Baden, S. 575–591.

Schubert, Klaus und Martina Klein (2020), *Das Politiklexikon.* 7. Auflage. Dietz: Bonn.

Schwanholz, Julia, Marcel Lewandowsky, Christoph Leonhardt und Andreas Blätte (2020), The Upsurge of Right-Wing Populism in Germany. In: Irina Khmelko, Richard Stapenhurst, and Michael L. Mezey (Hrsg.), *Legislative Decline in the 21st Century. A Comparative Perspective.* Routledge: New York/London, S. 184–197.

Schwarzbözl, Tobias und Matthias Fatke (2016), Außer Protesten nichts gewesen? Das politische Potenzial der AfD. *Politische Vierteljahresschrift* 57 (2): 276–299.

Schwörer, Jakob (2022), Populistische Kommunikation. In: Frank Decker, Bernd Henningsen, Marcel Lewandowsky und Philipp Adorf (Hrsg.), *Aufstand der Außenseiter. Die Herausforderung der europäischen Politik durch den neuen Populismus.* Nomos: Baden-Baden, S. 517–537.

Schwörer, Jakob und Belén Fernández-García (2021), Religion on the rise again? A longitudinal analysis of religious dimensions in election manifestos of Western European parties. *Party Politics* 27 (6): 1160–1171.

Senf, Johannes (2017), Extreme Parteien in Redeparlamenten – Strategien des Umgangs am Beispiel des Schweriner Weges. In: Gudrun Heinrich (Hrsg.), *Zum Umgang mit der Extremen Rechten in Mecklenburg-Vorpommern Analysen zum Schweriner Weg, MVgida und zum Handlungskonzept gegen Rechtsextremismus*. Universität Rostock: Rostock, S. 3–54.

Sotiris, Panagiotis (2019), Is a 'Left Populism' Possible? *Historical Materialism* 27 (2): 3–39.

Spier, Tim (2006), Populismus und Modernisierung. In: Frank Decker (Hrsg.), *Populismus. Gefahr für die Demokratie oder nützliches Korrektiv?* Springer VS: Wiesbaden, S. 33–58.

Spierings, Niels und Andrej Zaslove (2017), Gender, populist attitudes, and voting: explaining the gender gap in voting for populist radical right and populist radical left parties. *West European Politics* 40 (4): 821–847

Spoon, Jae-Jae und Heike Klüver (2020), Responding to far right challengers: does accommodation pay off? *Journal of European Public Policy* 27 (2): 273–291.

Stavrakakis, Yannis und Giorgos Katsambekis (2014), Left-wing populism in the European periphery: the case of SYRIZA. *Journal of Political Ideologies* 19 (2): 119–142.

Stavrakakis, Yannis, Ioannis Andreadis und Giorgos Katsambekis (2017), A new populism index at work: identifying populist candidates and parties in the contemporary Greek context. *European Politics and Society* 18 (4): 446–464.

Stengel, Frank A., David B. MacDonald und Dirk Nabers, Hrsg. (2019), Populism and World Politics Exploring Inter- and Transnational Dimensions. Palgrave: Cham.

Taggart, Paul (2004), Populism and representative politics in contemporary Europe. *Journal of Political Ideologies* 9 (3): 269–288.

Taggart, Paul und Cristóbal Rovira Kaltwasser (2016), Dealing with populists in government: a framework for analysis. *Democratization* 23 (2): 201–220.

Tsatsanis, Emmanouil und Eftichia Teperoglou (2016), Realignment under Stress: The July 2015 Referendum and the September Parliamentary Election in Greece. *South European Society and Politcs* 21 (4): 427–450.

Urbinati, Nadia (2019), *Me the People. How Populism Transforms Democracy.* Cambridge University Press: Cambridge.

Van der Brug, Wouter und Anthony Mughan (2007), Charisma, Leader Effects and Support for Right-Wing Populist Parties. *Party Politics* 13 (1): 29–51.

Van Hauwaert, Steven und Stijn van Kessel (2018), Beyond protest and discontent: A cross-national analysis of the effect of populist attitudes and issue positions on populist party support. *European Journal of Political Research* 57: 68–92.

Vittori, Davide (2020a), The impact of populism on party organization? A study of four Southern European 'populist' parties. *European Politics and Society* 21 (1): 53–71.

Vittori, Davide (2020b), Which organization for which party? An organizational analysis of the five-star movement. *Contemporary Italian Politics* 13 (1): 31–48.

Volkens, Andrea, Tobias Burst, Werner Krause, Pola Lehmann, Theres Matthieß, Sven Regel, Bernhard Weßels und Lisa Zehnter (2021a), *The Manifesto Data Collection. Manifesto Project (MRG/CMP/MARPOR). Version 2021a.* Berlin: Wissenschaftszentrum Berlin für Sozialforschung (WZB).

Von Beyme, Klaus (2019), Rechtspopulismus in Osteuropa: Bewertung der Chancen und Risiken. In: Heinz Ulrich Brinkmann und Isabelle-Christine Panreck (Hrsg.), *Rechtspopulismus in Einwanderungsgesellschaften. Die politische Auseinandersetzung um Migration und Integration.* Springer VS: Wiesbaden, S. 75–94.

Wagner, Aiko (2017), Die Wählerperspektive politischen Wettbewerbs. Konzepte, Entwicklungstendenzen und die Schließung des AfD-Elektorats. *WZB Democracy Blog*, 1. September, https://democracy.blog.wzb.eu/2017/09/01/wettbewerb/, letzter Zugriff am 21. Dezember 2021.

Wagner, Aiko (2021), Populismus ohne host ideology? Sachfrageneinstellungen, populistische Akteure und Parteipräferenzen bei der Bundestagswahl 2017. In: Bernhard Weßels und Harald Schoen (Hrsg.), *Wahlen und Wähler. Analysen aus Anlass der Bundestagswahl 2017.* Springer VS: Wiesbaden, S. 251–272.

Wagner, Aiko, Heiko Giebler und Marcel Lewandowsky (2020), Legitime Motive? Die AfD-Wahl als Artikulation von Nebenwahlverhalten, Systemkritik und Sachfragenpräferenzen bei der Europawahl 2014. iI: Claudia Wiesner und Philipp Harfst (Hrsg.), *Legitimität und Legitimation. Vergleichende Perspektiven.* Springer VS: Wiesbaden, S. 171–202.

Weisman, Jonathan und Reid J. Epstein (2022), G.O.P. Declares Jan. 6 Attack 'Legitimate Political Discourse'. *The New York Times*, 4. Februar, https://www.nytimes.com/2022/02/04/us/politics/republicans-jan-6-cheney-censure.html, zuletzt abgerufen am 6. Juni 2022.

Werz, Nikolaus (2003), Alte und neue Populisten in Lateinamerika. In: Ders. (Hrsg.), *Populismus. Populisten in Übersee und Europa.* Springer VS: Wiesbaden, S. 45–64.

Wiesendahl, Elmar und Philipp Adorf (2022), Unternehmerpopulismus als machtstrategisches Erfolgskonzept. In: Frank Decker, Bernd Henningsen, Marcel Lewandowsky und Philipp Adorf (Hrsg.), *Aufstand der Außenseiter. Die Herausforderung der europäischen Politik durch den neuen Populismus.* Nomos: Baden-Baden, S. 87–102.

Wilkiewicz, Zbigniew (2003), Populismus in Polen: Das Beispiel der Samoobrona unter Andrzej Lepper. In: Nikolaus Werz (Hrsg.), *Populismus. Populisten in Übersee und Europa.* Springer VS: Wiesbaden, S. 163–175.

Williamson, Vanessa, Theda Skocpol und John Loggien (2011), The Tea Party and the Remaking of Republican Conservatism. *Perspectives on Politics* 9 (1): 25–43.

Wodak, Ruth (2015), *The Politics of Fear: What Right-Wing Populist Discourses Mean.* Sage: London.

Wuttke, Alexander, Christian Schimpf und Harald Schoen (2020), When the Whole Is Greater than the Sum of Its Parts: On the Conceptualization and Measurement of Populist Attitudes and Other Multidimensional Constructs. *American Political Science Review* 114 (2): 356–374.

Zaslove, Andrej und Maurits J. Meijers (2021), Populist Democrats? Unpacking the Relationship Between Populism and (liberal) Democracy at the Citizen Level. *SocArXiv*, 14. Oktober 2021.

DIE ZEIT Online (2012), Ministerpräsident Rutte bietet Rücktritt an. 23. April, https://www.zeit.de/politik/ausland/2012-04/niederlande-rutte-ruecktritt, zuletzt abgerufen am 6. Juni 2022.

Zbíral, Robert (2021), Do Coalition Governments with Populist Parties Attempt to Rationalise Law-Making in Parliaments? Evidence from the Czech Chamber of Deputies. *Parliamentary Affairs* 74 (4): 835–852.

Zulianello, Mattia (2021), The League of Matteo Salvini: Fostering and Exporting a Modern Mass-Party Grounded on "Phygital" Activism. *Politics and Governance* 9 (4): 340–353.

Zúqeute, José Pedro (2017), Populism and Religion. In: Cristóbal Rovira Kaltwasser, Paul Taggart, Paulina Ochoa Espejo und Pierry Ostiguy (Hrsg.), *The Oxford Handbook of Populism*. Oxford University Press: Oxford, S. 445–466.

MIX
Papier aus verantwortungsvollen Quellen
Paper from responsible sources
FSC® C105338

If you have any concerns about our products,
you can contact us on
ProductSafety@springernature.com

In case Publisher is established outside the EU,
the EU authorized representative is:
**Springer Nature Customer Service Center GmbH
Europaplatz 3, 69115 Heidelberg, Germany**

Printed by Libri Plureos GmbH
in Hamburg, Germany